JN411284

세종의 자연과 역사, 문화를 담은

# 세종시 산내들 산책

세종의 자연과 역사, 문화를 담은

# 세종시 산내들 산책

임비호 지음

심지

## 작가의 말

이 책은 고향인 세종시의 자연, 문화, 향토사를 5년 동안 '세종의 소리' 등에 연재한 글들을 중심으로 엮은 것이다. 행정수도 입지로 선정된 이후 빠르게 변하는 세종시에 살면서 이전의 모습을 기억하고 다가오는 변화를 준비해야 한다는 자각을 정리한 글이기도 하다. 또한 세종시에 오랫동안 살았던 원주민들에게는 고향의 의미를 다시 보게 하는 기록이 되고, 새로 이주하신 분들에게는 세종시에 대한 인문 지리 입문서 같은 글이 되었으면 하는 바람이 실린 글이다.

### 고향을 남기고 싶었다, 아니 그리고 싶었다

세종시를 고향이라는 입장에서 기록하고 싶었다. 고향은 객관적 기록 서술을 넘어서는 삶의 의미를 담은 향기가 있고, 더불어 살았던 추억의 숨결이 있고, 저 깊은 바닥에서 흘러나오는 애틋한 애정이 있다. 마치 살아있는 생명처럼 아픔도 있고, 즐거움도 있고, 흥분도 있고, 나만의 부끄러운 비밀을 간직하기도 한다. 어머니가 개인들의 생명 자궁이라면 고향은 사회적 삶의 자궁과도 같은 것이다. 고향은 그냥 우리 삶 속에서 스쳐 지나가는 경우가 있기도 하지만 삶을 반추할 시기가 되면 그리움으로 살아나기도 하고, 지쳐 있을 때 불현듯 큰 나무 그늘이 되기도 한다.

한국 현대 역사를 새로이 재조명하였다는 소설 『태백산맥』의 주 무대인 벌교는 저자 조정래 작가의 고향이다. 어릴 적 먹고, 놀았던 장소에 대한 기억과 체험들을 생생하게 글로 살려낸 것이 한국 문학사의 대작으로 일컬어지는 것이다.

고향은 문학하는 사람에게 문학적 소재의 원천이 되기도 하지만 어떤 분야에서는 창조적 영감을 주는 원천이 되기도 한다. 어릴 적 들었던 이야기가 점점 자라면서 가치관의 성립 근거가 되기도 하고, 어릴 적 체험했던 놀이나 경험이 향후 새로운 분야를 개척하는 출발점이 되기도 하는 것이다. 그런 의미에서 고향에 대한 기록은 파헤쳐야 하는 대상이 아니라 바라보아야 할 의미의 공유일 것이다.

세종시 산·내·들이 하나의 유기적 생명체라 말하고 싶었다

세종시가 어릴적 놀이터라고 한 조선 인문지리의 대표작인 『택리지』의 저자 이중환 선생은 조선팔도에 대하여 논할 때 지리를 우선적으로 보고, 이를 근거로 경제 활동의 조건인 생리, 사회 공동체 문화의 총산인 인심, 그리고 삶을 더 윤택하게 할 수 있는 산수를 중심으로 기술했다.

지금의 한국 사회는 서구 문명의 영향으로 전체에 대한 통일적인 관점을 가지고 문제에 접근하기 보다는 세분화, 전문화만 인정하는 경향이 심하고, 그 틀에서 벗어나기를 두려워한다. 라디오에서 소리가 어디서

나오는지 모두 해체하는 데까지는 가능하지만 이를 다시 조립하지 못하고 있는 것이 현대 사회의 자화상이기도 하다.

고향에 대한 기술이나 파악은 부분적 대상을 분석적으로 파악하는 것보다는 전체적 흐름 속에서 생성된 역사문화를 바라보고 이해하는 가운데 자각된 의미를 공유 할 수 있도록 하는 것이 우선적으로 필요하다.

필자는 세종시를 고향으로 보고, 이를 자연환경의 조건 속에서 우리 선조들은 어떻게 살았고, 어떤 문화를 생산하였는지를 설명하려 했다. 세종의 역사를 부분별로 파악했던 것에서 세종시의 지질, 지형이 어떻게 형성되었고, 지금의 자연은 어떤 모습을 하고 있는지 파악한 후에 이런 자연지리의 조건은 어떤 선인들의 삶에 영향을 끼쳤고, 그런 결과의 문화는 무엇인지를 파악해 보고자 했다.

그래서 이 책에서는 자연의 의미를 물어보기도 하고, 세종시의 땅(지질)의 생성과정 이야기도 나온다. 우리나라의 전통 자연관인 산자분수령에 근거한 산줄기 물줄기의 모습도 그렸고, 연기팔경에 대한 새로운 해석도 해 보았다. 또한 금강을 중심으로 한 주변 마을들의 이야기와 지속가능한 세종시를 위한 나름의 정책도 제시해 보았다.

## '오래된 미래'는 우리가 가야 할 길이다

세종시는 지금 8만의 도시가 80만의 도시로 변모 중이다. 국가균형발전과 수도권의 과밀화 해소라는 큰 명제를 실험하는 중이기도 하다. 서울과는 다른 도시를 만들어야 하는 과제를 안고 있는 도시이기도 하다. 그러기 위해서 국제 공모를 통하여 도시 설계의 획기적인 환상형 도시 개념이 제시되었고, 중앙녹지에 대하여서는 '오래된 미래'라는 안(案)이 선정되었다. 사람과 자연이 이상적으로 어울릴 수 있는 아주 이상적인 도시가 제시된 것이다. 하지만 실행하는 과정에서는 그 환상적인 도시 개발에 대한 기대는 그리 높지 못한 것 같다. 이명박 정권에 의해서 시행된 4대강 사업은 처음 구상된 중앙녹지의 계획을 변경시켰고, 수정안이 제시되면서 절차도 뒤죽박죽되었다. 사람들이 입주하면서 도보 중심 도시로 구상된 도로는 교통 문제를 야기시켰고, 주택은 부동산 투기의 장이 되기도 했다.

이런 현실 속에서도 우리는 개발과 보존이라는 두 명제를 조화롭게 해결하는 실천적 과제를 가지고 있다. 변화된 현실 속에서 무엇을 지켜야 하며, 무엇을 보전해야 하는지 찾아보고, 의미를 부여하고 싶었다. 우리 모두의 미래에 하나의 횃불을 밝히고 싶었다. 세종시가 그저 개발의 대상이 아니라 더불어 살아가야 하는 주체로 그리고 싶었다.

더불어 함께 걸어 온 분들에게 감사를 드린다

이 책을 탈고할 시간이 되어 돌아보니 홀로 걸어왔다 생각한 길에 많은 발자국들이 더불어 나 있었다. 부족한 졸고이지만 이 책을 묶을 수 있기까지 많은 분들의 도움이 있었다. 삶의 호흡을 함께 해준 아내 정은수, 묵묵히 아빠를 믿고 따르는 아들 동묵이와 딸 소연이, 공간을 내어준 세종의 소리 김중규 대표, 부족한 글을 항상 애정 어리게 봐 주었던 한서영 대표님과 매형이신 이상 시인님, 갈 길을 헤매이고 있을 때 일자리를 제공하며 배려를 해주신 건설노조 대전세종지회 강석관 지대장님과 동료분들, 책 출판에 전적인 지원을 해준 세종연구개발(주) 대표이면서 친구인 함이오, 부족함에도 추천사를 아끼지 않으신 이춘희 세종시장님, 박수현 대통령비서실 국민소통수석비서관님, 이기봉 전 연기군수님에게 감사를 드린다. 또한 부족한 자료와 글임에도 정성 어린 편집을 해준 심지 출판사에게도 고마움을 전한다.

장남들판을 바라보며

지은이 임비호

# 차례

## 1부 세종시를 고향으로 바라보다



## 2부 세종시 산내들

## 3부 세종시 자연 친구들



## 4부 세종팔경을 꿈꾸다

## 5부 세종시 마을 풍경들



## 6부 지속가능한 세종시를 위하여

# I 부. 세종시를 고향으로 바라보다

- 고산 김정호가 그린 세종의 지도
- 『택리지』에 남아있는 저자 이중환의 어린시절 세종시 추억
- 하상계수(河狀係數)로 바라본 세종시
- 세종시 지형은 언제부터 이랬을까
- 세종시 자연의 길, 인간의 길
- 자연의 의미를 묻다

# 고산 김정호가 그린 세종의 지도

## 백두산에서 지리산까지 강을 한번도 건너지 않고 갈 수 있을까?

10년 전 일이었다. 오랜만에 친구를 만나 반가워 이런저런 이야기를 하다가, 무슨 애기 끝에 친구가 불쑥 우리 한번 내기를 해보자 했다. 그 내기라는 것이 "우리가 백두산에서 지리산까지 강을 한 번도 건너지 않고 걸어서 갈 수 있을까, 없을까?"였다. 친구는 "나는 물을 한 번도 건너지 않고 갈 수 있다에 한 표"라고 하였다. 순간 머리를 스치고 가는 것이 '우리나라가 삼천리라고 하는데 그 길이가 얼마나 되지?' '백두산에서 지리산까지 거리가 얼만데 어떻게 한 번도 강을 건너지 않고 갈 수 있을까?' '이 친구가 이런 내기를 하자고 하는 데는 무슨 함정이 있을 꺼야!'라는 것이었다. 한 번도 이런 생각을 해 보지 않았기에 무엇이라 즉답을 못하고 우물쭈물하고 있자니 친구는 재미있다는 표정으로 "너는 어디에 걸

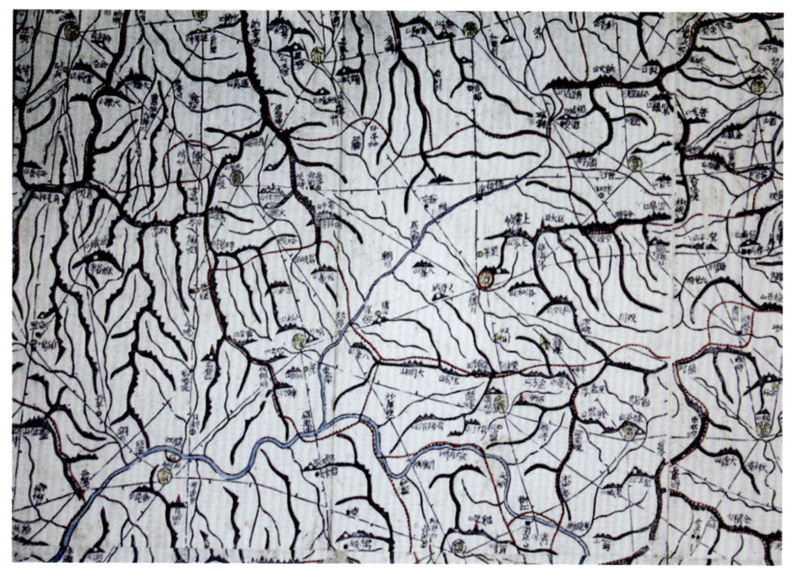

대동여지도 세종시 지역 발췌본

거냐?"라고 물어보았다.

그 일이 있은 얼마 후 업무 관련 직무 교육 도중 한 강사가, 얼마 전까지 초등학교 교과서에 실려 있는 고산 김정호에 관한 내용 중 '김정호가 우리나라 지도를 그리기 위해서 백두산에 일곱 번을 올라갔다는 부분은 거짓이다'라는 것이었다. 순간적으로 '아니 지도를 그리려면 당연히 높은 곳에 올라가 주변 지형을 보아야 하는 것이 아닌가?' '지금처럼 인공위성이 있는 것도 아니고….' 라는 생각으로 황당해 했던 적이 있었다.

## 산과 강을 보는 우리 선조들의 자연관인 산자분수령(山自分水嶺)

지금 생각해 보면 10년 전에 친구가 내기를 하자고 한 것이 요즘 많이 사용되고 있는 백두대간을 말하는 것이고, 고산 김정호가 백두산에 일곱 번을 올랐다는 것이 거짓이라는 것은 일제가 우리 선조들의 지도 그리는 방법을 폄하하기 위해 꾸며낸 악의적인 왜곡이라는 것을 알고 있지만 그 당시에는 너무나 낯설고 황당한 이야기들이었다.

실제로 산에 올라가 보면 산봉우리만 보이고, 산줄기의 지형을 그린다는 것이 어렵다는 것을 쉽게 알 수 있다. 우리 선조들은 지도를 그릴 때 산줄기를 그리고 강을 그린 것이 아니라 강이 바다를 만나는 곳에서부터 거꾸로 강을 먼저 그리고, 강이 없는 곳에 산줄기를 표시하는 방법으로 그렸다고 한다. 나무를 예로 들자면 먼저 나무의 뿌리와 연결되어 있는 나무 몸통을 그리고, 줄기와 가지를 그리면 일정 형태가 나오는데, 남은 빈 공간이 산줄기가 되는 것이다.

우리 선조들은 자연과 땅을 볼 때 서구인들처럼 분리되고, 각각의 성질을 분석하는 방법이 아니라 서로 다른 양상을 갖고 있지만 유기적인 관계를 맺고 있는 것으로 인식했다. 그리하여 우리 선조들은 산과 강을 별개의 다른 존재로 보는 것이 아니라 서로 없어서는 안되는 관계로 보았다. 우리 선조들은 산과 강을 보는 기본원리를 산자분수령(山自分水嶺)이라고 한다. 문자를 그대로 해석하면 '산은 스스로 분수령이 된다'라는 말인데 일반적으로 '산은 물을 넘지 못하고 물은 산을 건너지 않는다'는 의미로 개념화되었다. 즉 동해와 서해를 가르는 것은 백두산에서 발원하여 지리산까지의 산줄기인 백두대간이라고 하였고, 강과 강을 가르는 것을 정맥이라고 했다. 한남금북정맥의 경우 한강과 금강을 가르는 산줄기인데 한강의 남쪽에 있고, 금강의 북쪽에 있는 산줄기를 의미하는 말이다. 지천과 지천을 가르는 것을 지맥이라 하여 세종시의 경우 전월지맥이라고 하면 조천과 대교천을 가르는 산줄기가 되는 것이다. 산은 기본적으로 가르는 기능이 있기에 조선팔도의 생활풍습과 문화가 지역마다 다른 것이 이 때문이라고 할 수 있다. 또한 우리가 동네사람들이라고 할 때 동(洞)자는 물 수(水)와 같을 동(同)의 합성어로 물을 같이 먹는 사람들이란 뜻으로 강은 생활습관과 문화를 하나로 묶는 기능이 있어 유역이란 개념을 쓰고 있는 것이다.

자연과 땅을 보는 산자분수령(山自分水嶺)의 기본원리가 우리에게 시사하는 것은 산과 강은 각각의 역할과 기능을 달리 할 뿐이지 원래 분리되어 있는 것이 아니라 하나라는 것이다. 이와 같은 맥락으로 친환경도시 또는 생태네트워크 구성의 가장 중요한 기준이자 원리는 자연을 하나로 보고, 산줄기 물줄기를 연속선에서 봐야 한다는 것이다.

## 산자분수령(山自分水嶺)으로 본 세종시 산줄기와 물줄기

이런 기본 원리 속에서 우리가 살고 있는 세종시를 바라 본다면 금강 북쪽에는 금북정맥(전월지맥 포함)이 있고, 남쪽에는 금남정맥(관암지맥)이 있으며, 미호천을 중심으로 보면 동쪽에 팔봉지맥이 있고, 서쪽에 전월지맥이 있는 것이다.

이를 산줄기로 표현한다면 백두대간인 속리산에서 분화하여 진천, 천안으로 돌아 소정면 고려산으로 진입하는 금북정맥의 본류가 전의면 금

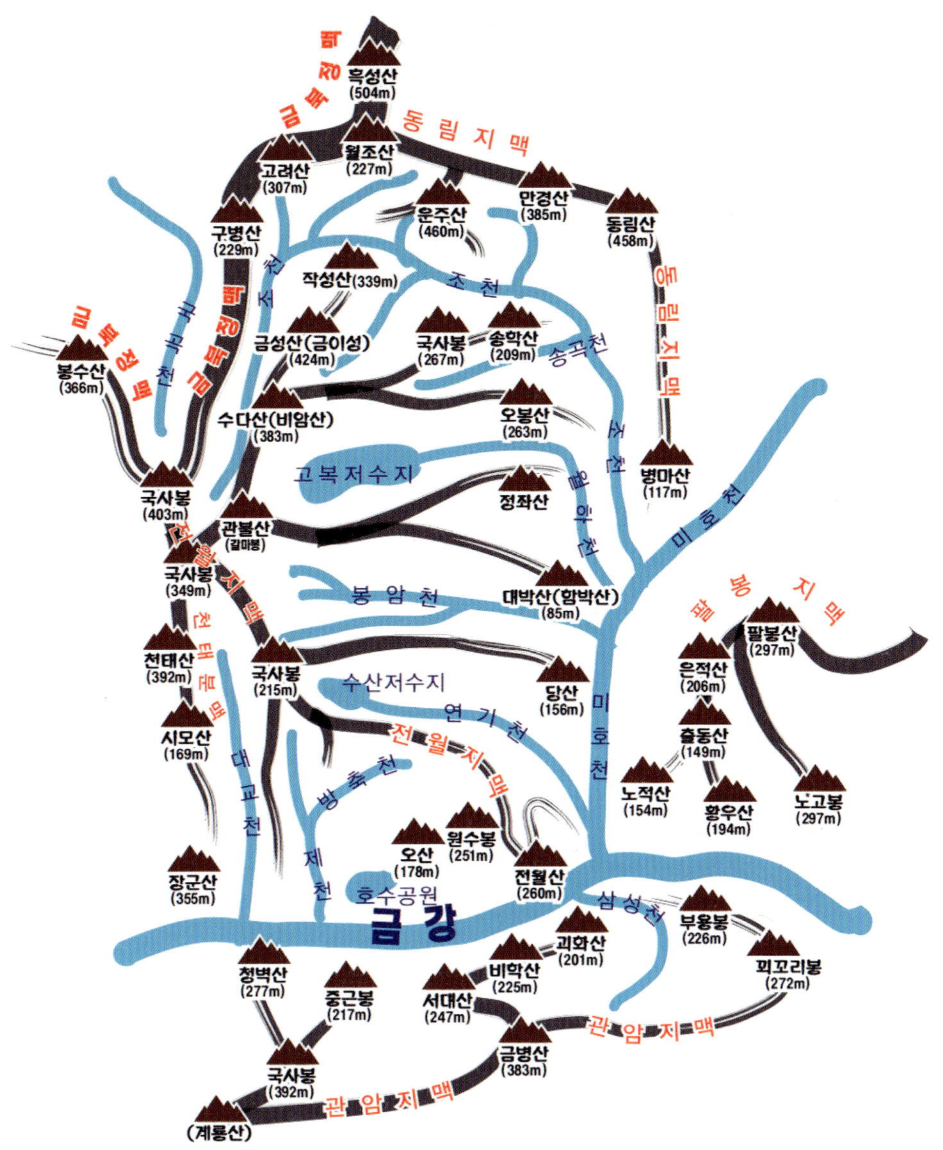


세종시 산줄기 강줄기 모형도(그래픽 도음 김지훈)

사리까지 이루다가 갈라져 금강 앞 전월산까지 이어지는 전월지맥의 산줄기가 하나 있고, 한남금북정맥으로 함께 오다가 갈라지는 팔봉지맥이 동면 명학리 황우산으로 이어지는 산줄기가 또 하나 있으며, 그리고 계룡산에서 발원하는 금남정맥 중의 한 지맥인 관암지맥이 반포 IC 부근의 삽재를 돌아 대전 둘레길과 겹치는 우봉산을 지나 금남의 금병산으로 오고, 이것이 꾀꼬리봉과 부용봉까지 가는 산줄기가 있어 크게 보면 3개의 산줄기가 있는 것이다.

## 산자분수령(山自分水嶺)으로 본 세종시 자연환경의 의미와 과제

이런 산자분수령(山自分水嶺)이라는 기본원리를 가지고 세종시의 자연환경을 바라봐야 하는 것에는 여러 가지의 의미가 있을 수 있다.

먼저 세종시는 구 연기군 면적에 구 청원군의 부강면과 공주시의 장기면이 편입되어 생성된 도시이기에 새로운 행정 관리를 위하여 기초적인 자연환경의 자료를 생성하여야 하는데, 그 기초원리가 우리 선조들이 가지고 있었던 자연관을 대입하여야 지속가능한 세종시의 미래를 확보할 수 있다는 것이다. 현대 사회는 분야별로 세분화되어 있기에 우리 선조들이 가졌던 것처럼 통합적인 자연 지형을 선행적으로 검토하는 것이 그 무엇보다도 중요하다고 할 수 있다.

둘째로 세종시는 새로운 광역특별자치시로 초기 법정 계획을 많이 수립하게 되는데 과제 중심으로 과업을 수행하기에 법정 요건 형식과 분야

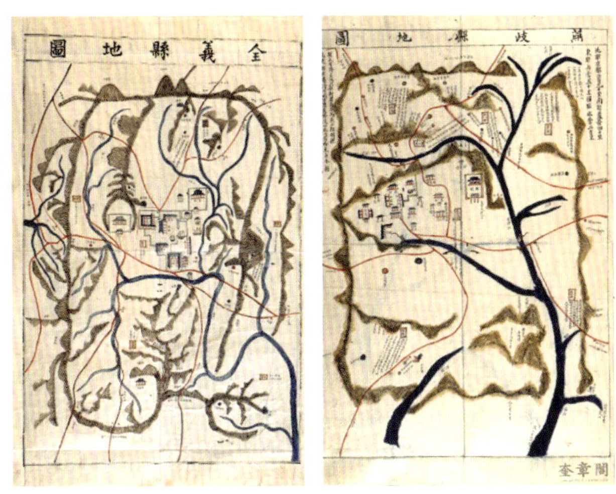


전의현 고지도 연기현 고지도

별 이론 형식에 치중할 수 밖에 없어 세종의 자연환경에 대한 기본적인 인지나 개념 반영을 충분히 담아내지 못하는 경우가 있다. 전문가들만으로는 전문 지식이나 법정 과업 지시에는 충실할 수 있지만 지역의 섬세한 현실을 담아내기에는 한계가 있을 수 있다는 것이다. 전문가들의 전문성과 지역의 현실성이 결합되기 위해서는 우리 선조들의 기본원리를 중심으로 많은 논의와 섬세한 배려가 필요할 것이다. 한 예로 '2030 세종시 도시기본계획'을 수립할 당시 과연 세종시의 섬세한 자연 지형에 대한 반영이 충분하였는지 반문해 볼 필요가 있다.

셋째로 세종시가 지속가능한 생태네트워크를 유지하기 위해서는 산림녹지축, 수변축, 바람길을 유기적인 관계성 속에서 점검하는 우리 선조들의 자연관의 기본원리가 반영되어야 할 것이다. 현재 세종시는 산줄기가 절단된 곳(소정면 고등리 614-1 등)이 많고, 수변도로에 의해 산과 강이 절단된 곳(전월산과 금강 수변도로 등)도 많아 이를 복원해야 하는 과제들도 있고, 새로운 도시 개발을 하면서 세종시의 자연이 파괴될 수도 있기에 우리 선조들이 가졌던 원리들을 중심으로 세종의 자연환경을 점검할 때 더 풍요로운 친환경 생태도시가 될 것이다.

흔히 자연은 후손들에게 빌려 쓰는 것이라는 말이 있다. 우리는 삶의 터전인 자연환경을 우리 선조들에게 물려받은 대로 잘 보전하여 우리 후손들에게 물려주어야 할 의무가 있는 것이다.

# 『택리지』에 남아있는 저자 이중환의 어린시절 세종시 추억

## 세종시는 『택리지』의 저자 이중환의 어린시절 놀이터였다

근 10여 년 동안 풀지 못했던 숙제를 풀었다. 인문지리학의 관점에서 쓴 『택리지』의 저자 이중환 선생의 고향이 장기면 사송마을이고, 독락정이 어릴 적 놀이터였다는 것과 조부와 부친의 묘가 세종시 남면 고정리에 있다는 것은 알고 있었지만 조부와 부친 묘의 정확한 위치를 몰라 답답했었다. 그런데 얼마 전 건설청에 근무하시는 서 팀장님과 김 연구사님의 도움으로 이중환 선생의 조부이신 이영 묘를 답사할 수 있게 되어 묵은 고민을 해결할 수 있게 되었다. 이중환 선생의 조부이신 이영 묘(현재는 고운동 산61번지)는 세종누리학교에서 서북쪽으로 가다가 도로에서 50m 올라 좌측 20m 지점이며, 행복도시 둘레길 7코스를 돌다 보면 만날 수 있다. 평소 궁금했던 것이 풀려서 좋고, 세종시에 새로운 역사문화 콘텐츠를 찾아낸 것 같아 무척이나 기쁘다.

조선 후기 실학자 이중환(李重煥,1690~ ?)이 쓴 『택리지(擇里志)』는

택리지의 저자 이중환 선생이 어릴적 놀았다는 금강변 독락정

박지원의 『열하일기』, 『정감록』과 더불어 조선 시대 베스트셀러 중에 하나이다. 『택리지』가 출간된 후 각기 다른 제목의 필사본이 10여 종이나 나왔다 하니 그 인기를 짐작할 수 있다. 아마도 『택리지』가 베스트셀러가 될 수 있었던 것은 『동국여지승람』을 대표로 하는 종전의 군현별로 쓰여진 백과사전식 지지(地誌)에서 벗어나 우리나라를 총체적으로 다룬 인문지리적 접근 때문일 것이다. 이 책은 당시 사대부들에게는 여행 길라잡이 형태로, 풍수가들에게는 필독서로, 상인들에게는 새로운 시장을 개척하는 아이템 발굴 자료로 많이 활용되었다고 한다.

## 『택리지』가 말하는 살기 좋은 곳의 조건

이중환 선생에 대해 관심을 가지게 된 것은 우리 지역에 이런 역사적 의미를 가진 분이 살았다는 것에도 있지만, 더 중요하게 생각했던 것은 우리의 삶의 터전을 어떤 시각으로 바라보아야 하는가에 대한 많은 모티브를 제공하기 때문이다.

그는 「복거총론」에서 사람이 살기 좋은 곳의 지표로 지리(地理), 생리(生理), 인심(人心), 산수(山水)를 들고 있다. 지리(地理)는 물과 산의 지형과 인간의 상호 작용 관계를, 생리(生理)는 경제활동의 조건을, 인심(人心)은 마을 구성원들 간의 관계를 그리고 산수(山水)에서는 휴식의 조건을 말한다. 이 지표들을 모두 갖추었을 때 가장 이상적인 삶의 터전으로 보는 것이다.

세종시는 10만 도시에서 80만 도시로 가려고 많은 개발과 건설이 한창이다. 많은 전문가들이 있어 분야별로 잘 진행될 것이라고 생각은 든다. 하지만 우리 모두가 관심을 가졌으면 하는 부분은 이중환 선생이 「복거총론」에서 말한 네 가지 지표를 우리 세종시에 대입하여 반추해 보았으면 하는 것이다. 우리 세종시가 친환경 생태도시로 가기 위해서는 우선적으로 그가 말한 지리적인 인식의 공유를 통한 대차 대조표를 작성할 필요가 있다.

이중환 선생은 네 가지 지표 중에 우선적이고 기본적인 것을 '지리(地理)'로 보았다. 그가 말한 지리는 단순히 기후와 지형의 서술이 아니라 자연과 인간의 조화로운 관계 설정이다.

세종시 고정리에 있는 『택리지』의 저자 이중환 선생의 조부 이영 묘

이중환 선생은 『택리지(擇里志)』의 공주 · 연기 편에서 다음과 같이 서술했다.

"골짜기엔 간수(澗水)가 많으며 논은 기름지고, 목화 수수 조를 가꾸기에 알맞아 사대부와 평민이 두루 살기 좋아 한번 이곳에 살면 흉년과 풍년을 알지 못한다.

살림이 넉넉해 떠나거나 이사해야 할 근심이 없으니 가히 낙토(樂土)라 할 만 한 곳, 지세가 산 위에서 끝을 맺지만 둔덕이 낮고 평평하여 험하거나 뾰족한 모양 이 없으며 산허리 위로는 큰 바위가 한 조각도 없어 살기(殺氣)가 적다."

위 글을 다시 한번 풀어보면 '세종시에는 골짜기마다 물이 많아 주변 배후 습지 형태의 농토가 많고, 그로 인해 사람들의 먹거리가 안정되고, 주변의 산들은 구릉지 형태로 평탄하여 악한 기운이 작다' 라는 것이다.

## 세종시는 연기, 전의, 부강, 장군이 모여 만들어졌다

그런데 이중환 선생의 『택리지』는 조선시대 행정상의 공주 연기만을 논한 것이기에 현재의 세종시에 적용하려면 전의현과 부강면 그리고 장기면을 추가하여야 좀 더 정확한 설명이 나올 수 있다. 전의는 금북정맥으로 인한 산림 지형을 이루면서 한강유역과 금강유역을 가르는 경계 역할을 한다. 부강면은 경부철도가 생기기 이전까지 5톤이나 되는 범선이 들어왔던 해상내륙물류의 최대 집결지였다.

전의와 부강을 첨언하여 다시 세종시 지리의 특징을 보면 물이 많다는 것, 농경지가 풍부하다는 것 그리고 내륙의 물류 기능이 활발했다는 것이다. 이는 세종시가 동쪽으로는 한라 금북정맥의 지류인 팔봉지맥과 북쪽으로는 금북정맥 지류인 전월 지맥 그리고 남쪽에서는 금남정맥이 계룡산을 거쳐 올라 오는데, 그 골짜기(금강과 미호천)마다 물이 많다는 것이다. 이는 북쪽, 동쪽, 서쪽 물길이 합강을 중심으로 모여 서쪽인 금강을 통해 빠져 나가는 지형이다.

또한 이 물들이 합강에서 합수되어 삼태극 형상의 지리적 특성을 보여 준다. 이런 지리적 특성으로 인해 부강에는 부강나루와 동진나루가 생길 수 있었고, 내륙 물류의 교통 요지가 될수 있었던 것이다. 즉 합강이 세종 자연지리의 중심이 되고, 기준이 되며, 더불어 생태핵심지역이 되는 것이다. 세종시의 자연지리는 합강을 기본으로 볼 때 온전한 이해가 될 수 있다.

## 세종시 자연환경의 특징과 과제

세종시의 자연환경의 특징을 한마디로 표현하면 무엇일까를 많이 고민했다.

'북남고중저(北南高中低)의 내륙습지 · 물류기지 지형이라고 말하면 어떨까?'

2014년 당시 부강철교 옆 부용리 습지의 모습

북쪽과 남쪽에 있는 산림에서 나오는 많은 물들이 합강으로 모여 퇴적층의 많은 배후습지를 만들어 먹거리가 안정되고, 또한 강물이 풍부하여 해상 물류가 내륙에서도 가능하게 했던 집결지 성격과 이로 인해 내륙 교통의 요지 기능을 가진 지형이란 것이다.

세종시에 대한 이런 인문지리적인 입장을 고려하여 바라보면 보전과 개발의 기준도 좀 더 명확해 질 것이며, 경제활동의 모티브 선정에도 도움이 될 것이다. 더불어 우리 지역만이 가진 개성있는 문화예술의 발굴과 진흥에도 바람직한 영향을 줄 것이라고 생각한다. 무엇보다도 인문지리적인 관점에서의 세종시의 이해는 지역을 사랑하는 애향심의 근간이 될 것이라고 믿는다.

# 하상계수(河狀係數)로 바라본 세종시

## 하상계수(河狀係數)란

하상계수(河狀係數)라는 말이 있다. 1년 가운데 하천의 어느 한 지점에서 측정하는 최대유량과 최소유량과의 비(比)를 나타내는 계수이다. 즉 최대 갈수기와 최대 범람기의 수량 차이를 의미하는 계수이다. 이때 가장 적은 수량을 1로 잡고 가장 많은 수량을 알아보는 것이다. 예를 들어서 금강의 하상계수가 1 : 298 이라면 금강은 가장 건조할 때의 수량이 1이고 가장 수량이 많을 때가 289이다. 우리나라 및 외국 주요 하천의 하상계수를 보면 낙동강은 1 : 372, 금강은 1 : 298, 콩고강은 1 : 4, 템즈강은 1 : 8, 라인강은 1 : 14, 세느강은 1 : 23, 나일강은 1 : 30, 양쯔강은 1 : 22, 미시시피강은 1 : 119, 갠지스강은 1 : 35 등이다(출처: 자연지리학사전)

위 자료를 보면 우리나라의 하상계수가 다른 나라의 하상계수보다 계수의 폭이 큼을 알 수 있다. 이는 우리나라의 기후는 7~8월에 집중 호우가 있음을 설명하고 있는 것이다. 우리나라 기후의 가장 큰 특징은 사계

세종시 개발 전 원수산에서 바라본 장남들판과 금강(우희철 기자)

절이 아주 뚜렷하다는 것과 집중 호우가 여름철에 집중된다는 것이다.

## 기후의 특징이 하천의 지형과 댐의 구조를 만든다

이런 우리나라 기후의 특징은 하천의 전반적인 구조를 결정한다. 즉 평소 흐르는 하천의 유량보다 금강의 경우 300배 이상의 물동량을 담아낼 수 있는 하천의 구조를 요구한다. 요사이는 다양한 댐도 건설되고, 200년 빈도 이상의 제방도 만들어, 이렇게까지는 아니라지만 그래도 기본적으로 이런 형태는 하천 구조의 원형이 된다.

하천을 중심으로 우리나라 자연지리의 횡단면도의 기본적인 구조를 보면, 물이 흐르는 하천이 있고, 그 옆에 비가 많이 오면 하천이 되지만, 평소에는 습지 내지 잡풀들이 우거진 범람원이 있고, 제방 너머에는 논과 밭이 있고, 조금 높은 곳에 사람이 사는 마을이 있고, 마을 뒤에 산림이 있는 모습이다. 우리가 통상적으로 말하는 배산임수(背山臨水)의 모습이다.

이런 하천 구조는 사람들에게 이수, 치수의 문제뿐만 아니라 농경문화 그리고 생활구역도 결정하게 만들었다. 우리 선조들은 물이 흐르는 곳에서는 물고기 등을 채집하고, 하천과 산림의 중간 지역인 범람원 지역에는 하천의 허락 하에 논농사 · 밭농사로 활용하기도 하고, 자신들의 주거지는 하천의 피해에서 안전할 수 있는 야산 3부 능선에 건설하게 했다.

이곳에서 자연이나 사람 모두에게 중요한 곳이 바로 범람지역인 완충녹지 지역이다. 이 완충녹지 지역은 하천과 산림을 연결하는 역할도 하지만 토질이 양호하고, 생태 다양성이 아주 풍부하여 많은 생물들에게는 보금자리이자, 삶의 터전이다. 사람들에게는 안정적인 먹거리를 제공하는 곳이기도 하다. 이 완충녹지 지역은 자연의 것이기도 하고, 사람의 것이기도 한 공유해야 하는 장소이다. 이 장소는 때론 습지, 때론 하변숲의 모습을 하기도 하고, 때론 농경지의 모습을 하기도 한다.

하천을 말할 때 수질 수량뿐만 아니라 수생태계라는 말이 등장하는 이유는 하천변의 완충녹지, 하천 습지의 생태적인 중요성 때문일 것이다. 이곳을 쓸모없는 공간으로 생각하였다가 요즘 이곳의 생태적인 가치가 새로이 부각되고 있다.

## 세종시 금강변 너른 들은 집중호우가 만들어낸 자연의 작품이다.

하천이 만든 세종시 남부의 자연지리적인 모습을 보자면 장수의 작은 뜸봉샘에서 발원하여 무주, 옥천, 대전을 거치면서 점차 강의 위용을 드러내는 금강이, 아름다운 호수 같다는 미호천을 만나면서 넓은 충적층 모래톱을 이루는 합강을 만들었고, 또한 범람원 지역에는 너른 동진뜰, 대평뜰, 장남뜰이 자연스럽게 형성되었다. 지금의 세종시 남부의 자연지리 지형은 금강에 내린 집중 호우가 만들어낸 전형적인 자연의 작품이다.

이런 세종의 자연지리적인 지형이 한일합방 이후 일본의 경제 수탈의 일환으로 축조된 제방들에 의해서 많은 변화가 일어났다. 조치원은 일제 시대 조천의 물길을 바꾸는 제방을 쌓으면서 현재의 모습으로 바뀌었고, 동진뜰과 대평뜰 그리고 장남뜰도 그렇다. 일제는 제방을 쌓으면서 자연스레 범람원 지역을 하천으로부터 구조적으로 격리하여 새로운 논이라는 토지를 획득했다. 이로써 침략 통치를 위한 부의 재생산 구조를 공고히 할 수 있게 되었다. 이런 의미에서 세종시 건설 초기 국제 공모 당선작인 '오래된 미래'가 장남들판의 뚝을 없애고 자연스런 계단식 논을 조

여름철 장마시 세종시 월산리 앞 습지 모습

성하자는 것은 아주 탁견이라고 볼 수 있다.

우리가 자연이 만든 자연스런 범란원을 대하면서 잊지 말아야 할 것이 있다. 바로 1946년도 대홍수로 인한 금남면 대평리 홍수 피해이다. 일제가 제방을 쌓고 금남면 대평리에 충정지역 최대의 우시장과 300호가량의 주거지를 이주시켰는데 이때 내린 대규모 홍수로 인해 쓸려 나가 사라졌다는 것이다. 이것은 자연의 기본 질서의 몰이해에서 얻어진 결과였다. 현재 행정명이 용포리를 대평리로 통상적으로 부르고 있긴 하지만 실제로 그 당시 대평리라는 마을의 흔적은 남아있지 않은 것이다.

## 세종시 남부의 많은 개발은 자연조건을 잘 고려해야 한다

요즘 세종시 남부에는 많은 개발이 이루어지고 있다. 또한 많은 사람들이 이주하면서 새로운 도시가 만들어지고 있다. 그런데 한 가지 잊지

46년 대홍수 이전의 충청지역 최대 우시장이 있었던 대평리(연기군청)

말아야 할 것은 세종시 남부가 가지고 있었던 자연지리의 형성 과정이다. 이를 망각한 난개발은 또 다른 1946년도 대평리 유령의 출몰을 야기할 수 있기 때문이다. 원래의 자연 지형을 고려하고, 살리면서 개발하는 것이 온전한 발전의 원뜻일 것이다. 자연은 정복의 대상이 아니라 공유해야 할 우리의 자산이다.

총선의 시기이다. 후보자로 나온 사람들이 한결같이 새로운 도시인 이곳에 많은 개발 공약들을 제시하고 있는데, 과연 이곳의 자연 지리적인 이해를 가지고 하는지 깊이 고민해 볼 필요가 있다. 만약 이런 세종시 남부의 자연 지리적인 조건을 고려하지 않고 남발하는 공약이라면 그것은 분명 1946년도 대평리의 아픔을 재연하는 것이라 할 수 있을 것이다.

# 세종시 지형은 언제부터 이랬을까

## 하늘도 무너지고 땅도 꺼질까

살면서 당연하기에 의식하지 못하고 살아가는 것들이 있다. 그중 하나가 우리가 딛고 있는 땅이다. 항상 그 자리에 있기에 별 의식 없이 살아간다.

불현듯 내가 밟고 있는 이 땅, 우리가 숨 쉬고 있는 세종시 산천은 영원히 그대로 있는 것인가라는 의문이 들었다. 더불어 세종시 지형은 언제부터 이런 모습을 하고 있었을까 궁금해졌다.

우주나 지구 지표면이 움직인다는 것은 학창 시절 지구과학 수업 중에 배웠고, TV 다큐에서 보았기에 피상적으로 알고는 있었다. 하지만 내가 발 딛고 있는 이곳이 그 영향으로 변한다는 것을 실제로 연결시키지는 못한 것 같다. 넓게는 한반도, 구체적으로는 세종시 산천의 형성 과정을 살펴보자니 미처 생각하지 못했던 것들이 하나 둘 모습을 나타내었다.

볼펜 한 자루를 비유하여 지구 지질시대와 인간 역사를 비교한 자료를 보게 되었다. 현생 인간 역사는 볼펜 한 자루에서 볼펜심 아주 끝부분에 있는 것으로 표시되어 있었다. 학교에서 공부할 때는 인간의 역사가 참으로 길고, 복잡하다 생각했는데 막상 지구 지질시대와 비교하고 보니 짧은 순간이었다. 이런 결과를 접하고 보니 과연 이 땅의 주인은 누구일까 다시 묻게 된다.

▼ 황토가 드러나는 세종시 공사 현장에는 오랜 세종시 지질의 역사가 숨어 있다

## 2억 5천 년 전의 지구의 판게아 모식도와 2억 5천 년 후의 판게아 울티마 모식도

2억 5천 년 전의 지구와 2억 5천 년 후의 지구를 나타내는 모식도를 보게 되었다. 2억 5천 년 전의 지구의 판게아 모식도를 보니 모든 대륙이 하나로 뭉쳐 있는 모습이다. 한반도는 물론 세종시 모습을 찾기는 쉽지 않았다. 마치 초음파 사진으로 보여지는 태아 모습이었다. 태아라고 말하니 그런가 보다 라고 마지못해 긍정하는 정도였다. 한반도와 우리가 살고 있는 세종시 지형이 변해 왔다는 것을 가정해 보지 않았기에 설마라는 의구심을 가지면서 보게 되는 것 또한 사실이었다. 5억 년이라는 상상할 수 없는 시간 속에서 변화 중인 지구의 모식도를 보고 있자니 감정적으로는 아니더라도 이성적으로는 변하고 있는 사실을 받아들여야 할 것 같았다. 우리는 지금도 변화하고 있는 가운데에 살고 있는 것이리라. 너무 천천히 변화하고 있기에 느끼지 못하고 있을 뿐이다. 아마도 한반도와 세종시의 산천은 저 모식도 같은 곳에서 세포줄기처럼 서서히 모습을 드러내 많은 변화를 거치면서 현재의 모습을 갖추었을 것이다.

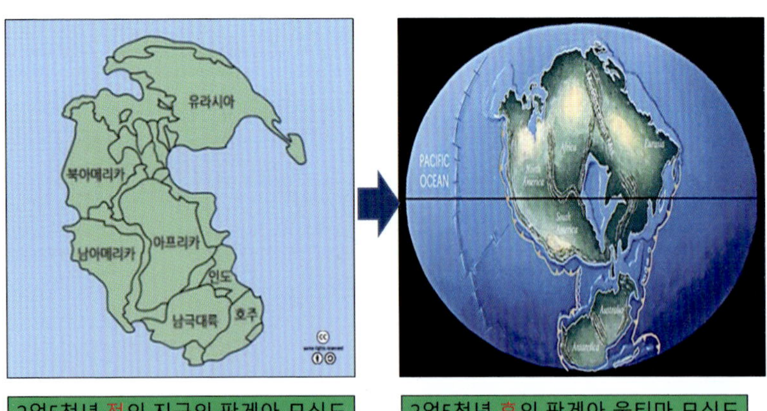


2억5천년 전의 지구의 판게아 모식도

2억5천년 후의 판게아 울티마 모식도

## 한반도는 적도 아래에 있다가 5,000km를 이동해 지금의 모습이 되었다

흥미로운 자료를 하나 만나게 되었다. 땅덩어리가 하나로 뭉쳐 있다가 흩어지는 시점에 한반도를 이루는 땅덩어리는 남반구 저위도에서 적도 사이에 있었고, 현재의 모습을 갖추기 위해서는 5,000km 정도를 이동했다는 것이다.

조한섭 한겨레 환경전문기자는 한국지질자원연구원 지질기반정보연구부 이윤수 박사의 말을 빌려 '한반도와 동아시아 형성은 곤드와나대륙이 분열되면서 시작된 세계적인 격변의 일부이며, 고지자기 연구 결과 고생대 초(약 5억 년 전) 동아시아 땅덩어리들은 남반구에 위치한 곤드와나 대륙의 북쪽에 속해 있었으며, 후에 한반도를 이루게 될 땅 조각들은 남반구 저위도에서 적도 사이에서 서로 떨어져 있었다'라고 말을 전하고 있다. 이때 일어났던 현상들은 한반도의 일부 지역이 해침을 받아 바다 환경에서 형성된 두꺼운 퇴적암인 석회암이 생기고, 육지의 물 고인 장소에 퇴적암이 생기면서 무연탄이 생성되는 특징을 보인다.

이런 연유 때문인지 세종시 동남쪽에 있는 옥천 인근에는 석회암 동굴이 많이 발견된다. 4만 년 전후 구석기 사람인 '홍수아이'도 이 시기에 형성된 석회암 광산에서 발견된 것으로 추정해 볼 수 있다. 세종시 서남쪽 대천 인근 쪽에 무연탄 광산이 많다는 것은 그곳이 고생대 시기에는 육상의 분지 형태임을 알 수 있게 해주는 단서가 될 수 있을 것이다. 세종시가 높은 산과 암석이 별로 없고 황토계통의 구릉지가 많은 것은 오래전 바다에서 육지로 변해 오랜 세월 풍화작용 때문일 것이다.

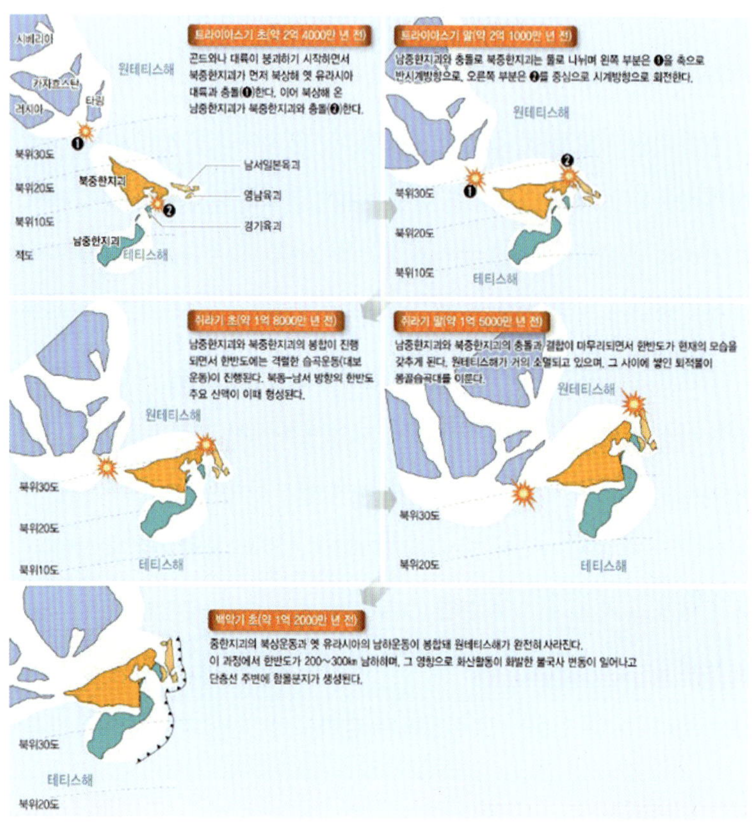

한반도 지괴의 이동시기와 경로(이윤수)

한반도 현재 지형의 모습과 산지의 모습이 완성되는 시기를 조한섭 한겨레 환경전문기자는 이윤수 박사(한국지질자원연구원)의 말을 인용하면서 중생대(2억 5천~ 6천 6백만 년 전)시기라고 전하고 있다. “고생대 때 한반도는 남반구에 위치한 곤드와나대륙의 북쪽에 자리 잡았다. 고생대 후기에 들어 맨틀로부터 엄청난 규모의 열 덩어리가 올라오면서,

곤드와나대륙이 하나씩 붕괴하기 시작한다. 이윽고 약 2억 6천만 년 전 곤드와나대륙 북쪽 가장자리에서 두 개의 작은 땅덩어리들이 떨어져 나가 북쪽으로 먼 여행에 나섰다. 이 땅덩어리들은 1억 8천만 년 전 함께 부딪치고 회전하고 봉합함으로써 중한지괴(한 · 중 · 일의 주요부를 구성하는 땅덩어리)를 이루게 된다. 중한지괴는 계속 북상하다가 마침내 중생대 백악기 초인 1억 2000만 년 전 남하하던 로라시아대륙의 시베리아지괴와 충돌함으로써, 오늘날 유라시아 모습이 완성되었다.

한반도는 인도보다 훨씬 전 벌어진 대륙이동과 충돌의 산물이다. 흔히 알려진 것과 달리 한반도는 단일한 땅덩어리가 아니다. 낭림육괴, 경기육괴, 영남육괴라는 3개의 선캄브리아(5억 4천만 년 이전) 시대 땅덩어리와 그 사이 낀 임진강대와 옥천대라는 2개의 습곡대로 이뤄져 있다. 두 습곡대는 약 2억 년 전인 중생대 초에 형성되었음이 밝혀졌다."

## 세종시 지형의 생성 원인을 논하다

세종시는 경기 지괴와 옥천 지향사의 경계에 있다. 북쪽의 편마암과 남쪽의 화강암을 기반암으로 하는 틀을 만들고, 이에 산지가 1차적으로 생기게 된 것으로 볼 수 있다. 강 같은 경우는 빗물이 지표면 지질구조선을 타고 토양을 침식시켜서 만들었다고 볼 수 있다. 1차적으로 빗물에 의해 지표면 지질 구조선을 타고 만들어진 강들은 향후 경동요곡운동에 의해 결정적으로 그 모습이 결정되는 것이다.

세종시를 가르는 금강의 경우 일차적으로 서쪽 방향으로 방향을 잡은

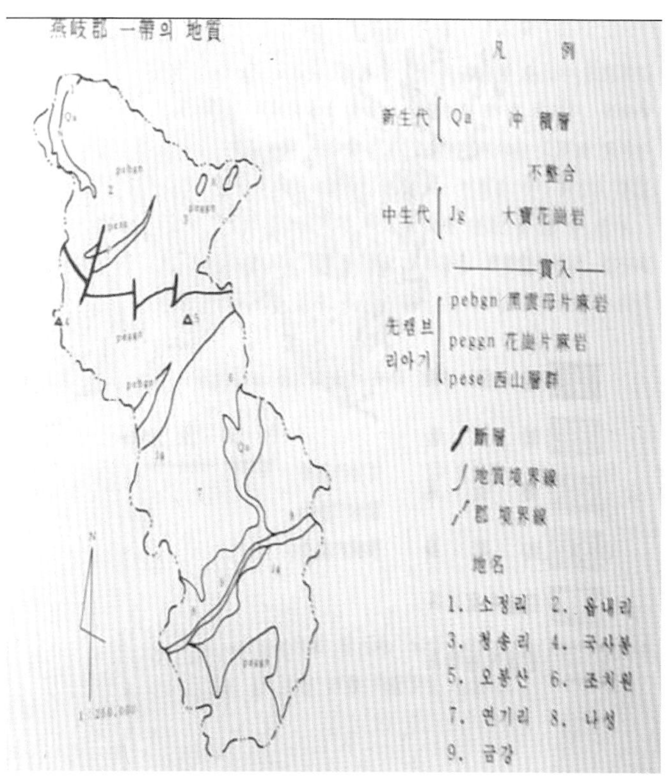


1998년 연기군지에 나와있는 세종시 지질 현황도

2개의 물줄기가 신생대에 있는 경동 요곡 운동에 의해 합쳐져 지금의 모습으로 이루어진 것으로 추정할 수 있다. 금강이 다른 강과 달리 둥근 원을 그리며 진행되는 모습은 이때 완성된 것이다. 금강은 출발한 곳으로 다시 돌아오는 모습이다. 이 모습이 금강의 특성을 나타내는데 그 이유가 바로 지각 변동에 의한 것이라 할 수 있다. 이런 금강의 모습이 이후 인문학적으로는 역성혁명의 지형을 가졌다는 원인을 제공하는 계기가 되는 것이기도 하다.

항상 불변이라고 생각했던 땅에 대한 의문이 들어 시작한 여행을 통해 세종시에는 왜 황토 구릉지가 많은지를 조금은 이해할 수 있었고, 금강이 어떤 경로를 통해 지금의 모습을 하게 되었는지도 알 수 있었다. 또한 세종시 인근에 왜 이리 구석기 신석기 시대의 유물이 많이 있는지를, 지구과학적 차원의 이유를 이해할 수 있는 시간이 되었다.

땅도 조금씩 변하고 있는 것을 체감적으로 느낄 수 있는 시간이었다. 그러면서 근본적으로 이 땅의 주인은 누구인가를 다시 한번 생각해 볼 수 있었다. 사람은 결코 자연을 소유한 것이 아니라 빌려 쓰는 것이다. 움직이는 것 같지 않은 땅도 그 나름의 운동을 하기에 인간은 그 이치를 바로 알고 상생의 지혜를 가져야 할 것이다.

# 세종시 자연의 길, 인간의 길

## 일제가 민족정기를 말살하기 위해서 쇠말뚝을 박았다구요?

언론에 간간히 나오는 기사가 있다. 일제가 민족정기를 말살하기 위해서 큰 인물이 나올만한 영산(靈山)에 쇠말뚝을 박았고, 이제 그 쇠말뚝을 뽑아야 한다는 내용이다. 이 기사를 볼 때마다 우린 본능적으로 일본 욕을 하고, 쇠말뚝을 뽑는 단체나 인사들을 맘으로라도 응원한다.

그런데 만약 쇠말뚝을 박은 일보다 더 큰 사건이 있다면 우리는 어떻게 해야 할까? 우리나라의 주요 산줄기를 절단한 일이 바로 그것이 아닐까 한다. 쇠말뚝이 민족정기의 혈자리에 침(?)을 놓은 것이라면 산줄기 절단은 신체의 일부를 부러뜨리는 것과 같다. 이 사업은 경부철도를 건설할 때부터 시작하여 국가 개발과 인간 편리라는 명목으로 1990년 전후까지 긴박하게 진행되었다. 새로운 도로와 길을 건설하기 위해 우리나라 등줄기인 백두대간과 팔 다리에 해당되는 주요 정맥 산줄기들을 마구 파헤치며 절단한 것에 아무런 문제의식이 없었다. 세종시에도 이런 흔적들이 고스란히 아직 남아 있다. 표1)은 2012년 기준 세종시 주요 산줄기 단절 현황이다.

<table>
<tr><th colspan="2">위 치 명</th><th>단위</th><th>현황(2012)</th><th>비 고</th></tr>
<tr><td>광역생태축<br>단절 지점</td><td>호서(금북) 정맥</td><td rowspan="5">수</td><td>3</td><td></td></tr>
<tr><td rowspan="4">보전산지축<br>단절 지점</td><td>동림 지맥</td><td>3</td><td></td></tr>
<tr><td>전월 지맥</td><td>5</td><td></td></tr>
<tr><td>팔봉 지맥</td><td>3</td><td>제1차 산지관리<br>지역계획 참조</td></tr>
<tr><td>관암 지맥</td><td>2</td><td>제1차 산지관리<br>지역계획 참조</td></tr>
<tr><td colspan="2">강변도로 생태통로</td><td>수</td><td>0</td><td></td></tr>
</table>

표) 세종시 산줄기 단절 현황

(자료 : 세종 생태축 1차 실태조사 보고서(2014) )

세종시의 주요 산줄기 단절의 문제는 명품 생태도시가 되기 위해서 해결해야 할 거시적인 기초에 해당한다. 또한 야생 동물 출몰에 의한 시민 안전, 농작물 훼손에 따른 농가 피해, 로드킬로 인한 환경문제의 기본 전제가 되기도 한다. 현재 정부는 백두대간 단절축 복원에 관심을 가지고 있고, 세종시도 난개발 방지, 도시 재생 등의 많은 노력을 하고 있기에 이 문제도 주요 의제로 상정되어야 마땅할 것이다.

제1차 세종특별자치시 산지관리지역계획(2013~2017년)에서는 이 문제를 다루었는데, 세종시의 생태축과 산지를 잘 관리하기 위해 산줄기 단절 지역의 복원을 제시했다. 이 보고서에서는 세종시 산줄기 단절 여러 곳 중에서 복원해야 할 1순위로 소정면 고등리 614-1의 도로를 선정했다(P98 참조). 이곳이 금북정맥(박성대님은 호서정맥으로 명명함)의 본 줄기이기에 중요성도 있고, 지금은 거의 사용이 드문 도로이기에 복원 현실성도 높은 곳이라 선정된 것으로 보인다.

제1차 세종시 산지관리지역계획에서 제시된 사줄기 단절 복원 지역 (전의면 고등고개)

## 멧돼지가 출몰하여 위험하고,
## 고라니 때문에 농작물 피해가 크다구요?

산줄기 단절의 문제는 인근 인가의 안전과 피해와도 관련이 있다. 뉴스에서 간간히 멧돼지가 도심에 나타나 사람들을 위협한다는 보도를 내보낸다. 멧돼지 출현으로 인해 인명 피해가 없길 바라지만 이 문제를 다시한번 생각해보면 어쩔 수 없는 현실임도 알 수 있다. 멧돼지도 사람을 두려워한다. 멧돼지의 행동반경이 적어도 몇십 킬로는 될 터인데 사람들이 횡단 도로를 만든다고 산줄기를 단절시켰기에 평소에 다니던 길이 졸지에 낭떠러지로 변한 것이다. 낭떠러지로는 갈 수 없으니 인가나 도심 쪽으로 발길을 돌리는 것이다. 살기 위해서 위험을 무릅쓰고라도 할 수

세종시 원수산과 전월산을 잇는 생태통로

밖에 없는 어쩔 수 없는 선택인 것이다.

고라니의 경우도 비슷하다. 고라니는 영명으로 Water deep이다 즉 물 사슴이란 말이다. 습성상 하루에 7~8번의 물을 먹어야 한다. 그러니 고라니는 물을 찾아 산을 내려왔다 올라갔다를 반복해야 한다. 멧돼지와 마찬가지로 산줄기 횡단 도로로 인해 자신의 생활 터전이 섬처럼 고립·축소되었으니 낭떠러지가 되지 않은 인가나 농장 쪽으로 새로운 행동반경을 넓혀야 하는 것이다. 낭떠러지를 피해 내려오다 보니 고라니들은 좋은 먹이감들을 발견한다. 인간에게는 농작물이지만 고라니에게는 그냥 좋은 먹이이다. 본능적으로 허기를 채우기 위해 농작물을 뜯어 먹는 것이다. 고라니들은 농작물이 농민들이 힘들게 지은 것이라고는 미처 생각하지 못한다.

또한 산과 강가를 하루에도 몇 번씩 왔다 갔다 해야 하기에 인간이 만든 강변도로의 차에 로드킬 당하기도 하고, 운전자들을 놀래켜 사고의

세종해밀리 생태통로 상층부(사진 위가 연기고개이고 아래가 전월산 방향이다)

원인을 제공하기도 하는 것이다.

결국 멧돼지 도심 출현으로 인한 위험이나 고라니의 농작물 훼손 · 로드킬 등은 인간의 편리를 위해 만들어 놓은 산줄기 횡단 도로와 강변도로가 가져온 당연한 결과로 봐야 한다.

## 세종시 최대 과제가 신도심 원도심 균형발전이라구요?

세종시 신도심은 계획도시이다. 2000년 이후에 도심을 계획하였기에 비교적 녹지축, 생태축, 바람길 등 자연과 어울릴 수 있는 도시계획이 이루어졌다. 현재 신도심에 가면, 도로를 개설하면서 많은 곳에 생태통로가 설치된 것을 볼 수 있다. 굉장히 긍정적인 도시 개발이다. 이런 도심의 설계는 신도심뿐만 아니라 세종시 전체로 확대되는 것이 바람직하다. 세종시의 최대 과제가 신도심 원도심 균형발전이라고 한다면 원도심의 도시 재생과 인구 유입뿐만 아니라 산줄기 보전을 위한 정책도 신도심 수준으로 올려야 한다. 원도심이 자연발전적인 도시의 형태를 띠고 있고, 2000년 이전의 도시 계획으로 산줄기 보전에 대한 개념이 반영 되지 못하였기에 지금이라도 이를 위한 배려를 해야 제대로 된 균형 발전이 이루어지는 것이다. 그래야만 원도심도 좀 더 생태 · 환경적 혜택과 쾌적한 생활을 보장 받으면서 발전할 수 있다.

## 발전은 보전과 개발의 조화이다

유엔에서는 발전을 우리 후손들도 현 세대가 누린 만큼 자연의 혜택과 자원을 사용할 수 있게 하는 한도 내에서의 개발이라고 규정하고 있다. 즉 자연의 혜택과 자원은 무한한 것이 아니기에 당연히 후손들과 함께 사용한다는 전제 하에 개발을 해야만 하는 것이다. 즉 현재의 우리 세대는 보전과 개발이라는 양쪽 면을 동시에 봐야 하는 책무를 지게 되는 것이다. 도로나 길을 내면서도 인간의 편리와 이익에만 국한시키지 말고 동물의 길, 자연의 길도 고려해야 한다. 이것이 현재까지 이행되지 못한 부분이 있다면 수정, 보완하는 것 또한 필요하다. 인간도 자연의 일부이고, 사회도 자연을 따를 때 무탈하기에 자연의 길과 인간의 길이 상생 공존하도록 고민하고 노력해야 할 것이다.

# 자연의 의미를 묻다

우리가 살아가면서 당연하다고 알고 있는 것들이 많다. 해가 뜨면 해가 지는 것이 그렇고, 비가 많이 오면 홍수가 지는 것도 그렇다. 그런데 우리가 당연하다고 알고 있는 것들 중에 다시한번 돌아보면 헛갈리는 것들도 있다. 사랑이라는 말을 모르는 사람은 없다. 그러나 정작 사랑의 정의가 무엇이냐고 다시 물어보면, 이것이라고 확실히 답할 수 있는 사람이 얼마나 될까. 각자의 경험과 처지에 따라 다양한 대답이 나올 수 있기 때문이다. 자연, 환경, 생태란 말도 이와 비슷하다. 이 말들을 모르는 사람은 없을 것인데, 그럼 이것들이 무엇인지 정의를 내려 보라면 선뜻 이것이라고 말할 수 있는 사람은 그리 많지 않을 것이다.

학문(學問)을 글자 그대로 풀이해보면 우리가 알고 있는 지식을 체계적으로 배운다는 뜻보다 배울 학(學)이니 무엇을 배우는 것인데, 물을 문(問)이니 묻는 것을 배우는 것이다. 무엇을 묻는 방법을 배우는 것이 바로 학문인 것이다. 이런 관점에서 보면 박사(博士)란 전문 분야를 많이

자연은 봄의 잎새처럼 우리에게 생명을 전해준다

아는 사람을 지칭하는 것이라기보다 혼자 묻고 길을 찾아갈 수 있는 능력을 가진 사람을 가리키는 말이 된다. 하여 필자는 자연, 환경, 생태에 대한 의미와 뜻을 어원적으로 물어보려 한다.

## 언어의 출현과 빈도는 사회적 관계의 반영이다

자연, 환경, 생태란 말들이 우리에서 좀 더 특별한 의미로 쓰이기 시작한 시기는 아마도 산업개발이 급속도로 진행되던 1970년대 이후부터일 것이다. 산업화가 일어나면서 보릿고개는 사라졌지만 반대급부로 우리 사회에 공해라는 말이 나오기 시작했고, 자연보전, 환경보호라는 구호가 등장하게 되었다.

자연이 숭배의 대상에서 개발의 대상이 되면서부터 우리는 물질적 풍요가 주는 또 다른 아픔들에 대한 자각의 외침으로 자연, 환경이란 말들을 강조하여 사용하기 시작한 것이다. 아토피라는 말은 그리스어 Atopos에서 나온 말인데 그 뜻은 '이유를 알 수 없는, 기묘한' 이라는 뜻이다. 그런데 요즘 이것이 아직 원인을 밝혀내지 못한 환경성 피부질환의 일반적 병명으로 쓰이고 있듯이 산업 문명이 가져온 후유증을 극복하고자 자연, 환경이란 말들을 자주 사용하게 된 것이다.

서구에서는 서식처 파괴와 자원의 고갈 등 환경 문제가 심각해지자 1980년 후반 이를 극복하는 의미로 일상어가 아닌 학술 용어로 생태(Eco)가 먼저 사용되었다. 또한 기후변화 등 환경문제가 전 지구적인 문제가 되자 세계 정상들은 1992년 리우에서 모여 '지속가능한 개발'이라는 개념을 선포하게 된 것이다. 즉 주로 자연, 환경, 생태, 지속가능이란 말들이 요즘 많이 사용되는 배경에는 산업화 시대의 후유증을 극복하고자 하는 대응의 의미로 사용되어 점차 확산되었음을 알 수 있다.

## 자연(自然)의 어원적 의미를 묻다

네이버 국어사전에서는 자연(自然)을 '사람의 힘이 더해지지 아니하고 세상에 스스로 존재하거나 우주에 저절로 이루어지는 모든 존재나 상태' '사람의 힘이 더해지지 아니하고 저절로 생겨난 산, 강, 바다, 식물, 동물 따위의 존재. 또는 그것들이 이루는 지리적 · 지질적 환경', 일부 명사 앞에 쓰여 '사람의 힘이 더해지지 아니하고 스스로 존재하거나 저절로 이루어진다'는 뜻을 나타내는 말이라고 정의하고 있다.

자연(自然)이란 말이 동양에서는 언제부터 사용했는지 명확하지 않지만 문헌 중에는 노자의 도덕경에서 처음으로 많이 발견된다. 도덕경에서는 현대어처럼 명사로 사용된 것이 아니라 '스스로 그러하다'라는 천지(하늘과 땅)의 서술어로 사용되었다(천지임자연(天地任自然).

'자연'의 한자를 풀이해 보면 스스로 자(自)는 얼굴에서 코를 나타내는 설형문자로 숨을 스스로 쉬는 것을 의미하고, 그럴 연(然)은 유기물(고기)을 나타내는 고기 육(肉) + 크다 라는 의미의 클 태(太) + 마음을 나타내는 마음심(心)의 조합으로, 심장의 펌프질로 살아가는 사람처럼 큰 물질이 살아 움직이는 것을 나타내고 있다. 이는 인간의 간섭을 받지 않는 원래부터 그대로 있었던 우주의 생명력과 순리를 나타내고 있는 것이다.

또한 자연을 뜻하는 영어 nature는 '낳아진 것'이라는 라틴어 natura와 우주나 동물, 인간 등의 본질을 가리키는 희랍어 φύσις(physis)에서 나온 것으로 사물의 생성쇠락의 본성적인 움직임을 나타내고 있다.

결국 동양에서나 서양에서 자연이란 말은 스스로 생명력을 가진 거대한 생명체를 말하고 있는 것이다. 생태학 명제 중에 '전체는 부분의 합보다 크다'라는 것이 있는데, 자연을 설명할 때 적절한 표현이라는 생각이 든다.

## 환경(環境)의 어원적 의미를 묻다

환경(環境)이라는 말도 한자로 보자면 고리 환(環)과 경계나 장소, 상태를 나타내는 지경 경(境)의 합성어이다. 즉 사람이나 주체가 되는 것을

몰아치는 바람과 거친 모래밭에도 살아남으려는 풀 한포기에서 자연을 본다

중심으로 그 주변을 돌고 있는 경계의 상태나 장소를 일컫는 말이다.

한자에서 돌다라는 의미의 환(環)자는 뜻을 나타내는 구슬옥변(玉(=玉, 王)☞구슬)부와 음(音)을 나타내는 동시(同時)에 둥글게 되어 있다는 뜻을 나타내는 글자 睘(경☞환)으로 조합되어 있다. 즉 둥글게 되어 있는 구슬이란 뜻으로 쓰이고 있는 것이다.

그 구슬의 모습은 옥구슬처럼 남의 모습도 내 옥구슬에 비치고, 내 모습도 남의 옥구슬에 비치는 그런 모습인 것이다. 즉 내 속에 네가 있고, 네 속에 내가 있는 모습을 형상화한 것이다. 바로 불교의 화엄경에 나오는 인드라망의 모습이다. 인드라의 하늘에는 구슬로 된 그물이 걸려 있는데 구슬 하나하나는 다른 구슬 모두를 비추고 있어 어떤 구슬 하나라도 소리를 내면 그물에 달린 다른 구슬 모두에 그 울림이 연달아 퍼지게 된다. 우주 내 모든 사물과 현상이 서로 독립해 있거나 무관한 것이라곤 아무것도 없고, 만물이 서로 연결되어 있음을 암시하는 강력한 비유인 것이다.

환경을 영어로 하면 environment인데, 이 말은 행하게 하는 의미의 접두사 en + 돈다라는 의미의 vert,vers의 변형인 어근(viron) + 명사형 접미사 ment의 합성어이다. 그 의미는 '무엇인가를 돌게 만드는 것'을 뜻하고 있다. 동서양이 모두 환경이란 무언가를 순환하게 하는 의미를 기본적으로 가지고 있으며, 유기적인 관계성을 표현하고 있음을 알 수 있다. 즉 우리가 사는 세상은 약육강식의 피라미드 구조가 아니라 거대한 생명 그물코가 서로 의지하며 변화하고, 순환하며, 하나가 전체를 비추고, 전체가 하나를 보는 인드라 구슬 같다는 것이다.

## 생태(生態)의 어원적 의미를 묻다

생태(生態)라는 말은 동양에서는 일반적으로 사용하지 않았던 말이고, 환경이 사회적인 문제가 된 이후 서양에서 1866년 헤켈(Haeckel)의 일반형태학(general Morphology)에서 사용하였던 Ecology와 1935년 영국의 식물학자 텐슬리(Tansley)가 사용한 '생태계(ecosystem)' 란 용어를 번역하면서 일반화 된 말이다. 원래 생태를 나타내는 Eco는 희랍어 *οἶκος*(oikos)에서 파생된 것인데 가정, 농장, 사는 곳을 의미하는 말이다. 경제로 번역한 economic과 같은 어원을 가지고 있다. 사물을 분리하고, 경험적인 수치로 나타내는 것을 선호하던 서구의 학문방법으로는 통합과 전체를 설명할 수 있는 토대나 방법론이 취약하였기에 지구라는 전체

세종시 학나래교를 흐르는 물에 다리의 모습이 비친다

를 설명하고, 유기적인 관계를 설명하기 위해서는 기존의 사고 방식에서 벗어나는 것이 필요하였기에 이러한 개념이 새로이 생겨난 것이다. 텐슬러(Tansley)는 생태계(ecosystem)를 '어느 지역에 서식하는 모든 생물과 그 지역 내의 비생물적 환경을 하나의 단위로 통합하여, 주로 물질순환이나 에너지 흐름에 주목하여 하나의 기능계(functional system)로 다루는 대상'으로 정의 하고 있다.

## 자연을 정복하는 것이 아니라 자연에 순응하는 것이다

결론적으로 자연, 환경, 생태라는 말을 어원적으로 물어보면 우리가

생명 속에 생명이 자라는 모습에서 자연을 생각한다

살고 있는 우주나 지구는 개발의 대상으로만 보아서는 안 되고, 서로가 서로를 비추는 인드라망 구슬처럼 생명 그물로 된 유기적인 관계의 집이라는 것이다. 자연이 아프면 사람도 아프고, 환경이 훼손되면 사람도 병들고, 생태계가 무너지면 사람도 사라진다는 단순한 진리를 말하고 있다. 너무 거대하고, 신비하여 인간이 다 알 수 없기에 사람은 자연을 정복하는 것이 아니라 이에 순응하여 사는 것이 최적의 길이며, 자연과 더불어 사는 상생의 길을 모색하는 것이 최선의 길임을 보여주는 것이라 하겠다.

## 2부 세종시 산내들

- 금강의 정신이 세종에 흐르게 하라
- 금강의 또 다른 이름, 오강과 초강
- 세종시 공동체 뿌리를 찾아보다
- 세종시의 가장 큰 어른산, 월조산
- 세종시 생태경관 핵심지역인 합강
- 중앙녹지공간 국제공모 당선작 '오래된 미래'에 대한 단상
- 조천(鳥川)에서 바라본 풍경들
- 조천에 삶터를 잡은 사람들
- 계룡산 정기는 용수천을 타고 세종시로 흐른다
- '백지계획'만 되었다면 청계천 역할을 할 수 있었던 대교천
- 고복자연공원의 숨은 역사를 찾아나서는 나들이

# 금강의 정신이 세종에 흐르게 하라

## 금강 지명의 유래는

세종시 신도심의 중심에 금강이 흐른다. 금강을 중심으로 북쪽에는 중앙 행정이, 남쪽에는 지방 행정 시설들이 도시를 형성하고 있다. 경부선을 따라 형성되었던 연기군 시절에는 그저 변방에 지나가는 큰 물줄기였는데, 지금은 도심의 중심이 되면서 세종시민들에게는 휴식과 풍광을 제공하는 핵심축이 되고 있다.

세종시 신도심을 흐르는 강을 '금강'이라는 통칭으로 상류부터 하류까지 동일하게 부르게 된 것은 그리 오래 되지 않았던 것 같다. 이전에는 지역과 장소에 따라 금강을 부르는 이름이 달랐다. 금강 상류 금산에서는 적벽강, 옥천에서는 회인진강, 공주에서는 웅진강, 공주강, 부여에서는 백마강, 금강 하구에서는 진강 등으로 불리었다. 임선빈 박사의 「금강의 지명 변천과 국가 제의」라는 논문에 의하면 조선 후기라고 말하고 있다. 조선시대에 명산대천(名山大川)에서 국가 제례를 지내는 제도가 있었는데, 중부 이남에는 공주의 인근 강가에서 그 국가 제례를 지냈고,

명산대천 국가제례를 했던 곳의 강 이름이 금강이라고 하여 강 전체를 그리 부르게 되었다는 것이다. 국가 행정 제도에 의해 금강이라는 이름이 강 전체를 통칭하는 명칭이 된 것이다.

## 금강 지명에 숨어 있는 뜻은

금강을 말할 때 한자 비단금(錦)을 사용하기에 비단처럼 고와서 금강이라고 설명하는 경향이 있다. 하지만 이 말이 틀린 것은 아니지만 왠지 금강의 원래의 의미를 설명하기에는 부족한 느낌이 있다.

일반적으로 금강의 금은 곰에서 왔다는 것이 정설이기 때문이다. 옛날 곰 전설이 있는 고마나루가 변형을 거치면서 지금의 금강이 되었던

것이다. '곰(고무)'은 '곰' 계열어의 하나로서 방위상으로는 후(後, 뒤), 북(北)을 뜻하면서 또한 큼(大), 많음(多), 신성함 등을 나타내는 옛말이다.

곰이 의미적으로 후(後, 뒤), 북(北)을 나타낸다는 것은 검다라는 것과 연동이 된다. 즉 북쪽을 색깔로 배속할 때는 '검다'로 하기 때문이다. 결국 '곰'과 '검'은 같은 의미의 다른 표현이다. 더 나아가 북쪽은 하늘의 중심인 북극성과 연결이 된다. 북(北)이라는 방위가 통치의 개념과 연결될 때는 하늘의 중심인 북극성을 의미한다. 하여 땅의 중심인 임금은 하늘의 중심인 북극성을 등지고 앞을 바라보는 자리에 위치하게 된다.

이렇게 볼 때 결국 금강이라는 말은 곰나루에서 왔고, 그 의미는 하늘의 중심인 북극성에서 인준을 받은 땅의 중심인 임금의 왕궁 뒤에 있는

곰나루 전경이 모이는 금강의 전경. 멀리 보이는 산이 연미산이다

강이라고 유추해 볼 수 있다.

또한 금강을 백강이라고도 불렀는데 이는 백제시대와 연결이 된다. 백제는 왕궁을 옮길 때 과거에 사용한 지역명과 사물의 명칭들을 동일하게 사용하는 경향이 있었다. 백제가 수도를 사비로 옮긴 뒤에도 왕궁 인근에 있는 강을 백강이라고 불렀던 것이다. 이때 사용한 '백(百)'은 숫자적인 의미보다 '많다' '크다' 라는 의미로 사용된 것이다. 이는 또한 한글 '크다' '완전하다'라는 의미의 '온'과도 연동이 된다. '온전히'라는 말을 할 때의 온이 전체, 완전하다라는 의미가 있듯이 백제의 시조 온조왕의 '온'은 완전한, 크다라는 뜻이 되고, 이를 한자로 음역 하면 백(百)이 되는 것이다.

금강 지명의 발생지인 지역을 우리는 현재 공주라고 부르고 있는데, 이때도 '공'은 곰의 변음으로 볼 수 있다. 이때의 공은 '크다'라는 의미인

▼ 금강 지명의 유래가 된 명승 제21호 고마나루 솔밭에 있는 웅진단터 모습

것이다. 공주는 그런 의미에서 큰 땅이라는 뜻이 된다.

금강할 때의 '금', 백제할 때의 '백', 온조할 때의 '온', 공주할 때의 '공'은 모두 같은 뜻을 가진 다른 표현이라고 볼 수 있다. 결국 금강과 인근 지역명 속에는 하늘로부터 인준을 받은 왕제의 도시라는 의미가 숨어 있다.

## 금강은 변혁의 시대정신을 품고 있다

역사적으로 금강은 시대의 변혁을 촉발하는 시발점이 되거나 새로운 시대의 중심이 될 것이라는 표징들이 많이 나타난다.

백제가 나당연합군에 멸망하면서 2만 5천의 포로가 잡혀가는 사건을 통하여 금강변 유왕산에 모인 민초들 가슴속에 민족의식이 태동된 사건, 반역의 기운이 있다고 하여 금강 아래 사람들은 조정에 등용시키지 말라는 고려 태조의 훈요십조에 근거한 차별이 변혁의 갈망을 구체화 되게 하였던 배경, 세상에는 양반, 평민, 노예라는 신분이 있는 것이 아니라 모두 평등하다고 외쳤던 조선 중기 죽도의 정여립 사건, 반봉건 반제국의 기치를 내세운 동학 농민군의 우금치 항쟁 사건 등은 금강을 중심으로 일어난 변혁을 위한 일련의 몸부림이었다.

조선이 개창을 하면서 새로운 수도의 장소로 계룡산 아래의 신도안을 점지한다든지, 정감록의 정도령이 이곳에서 나온다고 한다든지, 논산 옆 연산에서는 주역을 대체하는 새로운 정역이 나오는 것들이든지, 박대통령 시절 백지계획(수도이전 계획의 프로젝트명)의 대상지가 되고, 노대통령 시기에는 신행정수도 대상지가 되었던 것들은 이곳이 새 하늘 새

곰나루 솔밭 사이에 곰사당이 있다.

땅의 기운이 넘치는 것을 역사적으로 검증하는 표징들이라고 할 수 있다. 지금의 행정중심복합도시, 세종시는 이런 역사적 배경들 속에 진행되고 있는 것이다. 우리는 이런 금강의 시대정신을 바로 계승 발전시켜야 할 것이다. 그것이 세종시민의 시대적인 사명일 것이다. 새 하늘 새 땅, 후천개벽, 평등과 변혁의 세상을 향한 금강의 시대정신을 읽는 것이 이곳에 사는 사람들의 과제이기도 하다.

# 금강의 또 다른 이름, 오강과 초강

새 하늘 새 땅의 시대정신을 담고 있는 금강을 세종시에서는 무엇이라고 불렀을까? 삼기강(三岐江), 오강(吳江), 초강(楚江)이라고 불렀다. 일상적으로 지역민들이 강을 바라보고 부를 때는 삼기강이라고 불렀고, 경제적인 물류기능과 연결될 때는 오강(吳江), 초강(楚江)이라고 불렀다.

## 지역민들은 금강을 삼기강이라 불렀다

지역민들이 불렀던 삼기강의 삼기(三岐)는 세 갈래 길이 있는 세종시 금강수변을 지칭하는 지역명에서 유래된 것이다. 금강이 흐르는 세종지역은 남으로 강을 건너면 호남으로 갈 수 있고, 지금의 연기 향교가 있는 동진 나루터를 건너면 청주를 통해 경상도로 갈 수 있고, 북쪽으로 가면 삼남대로를 만나면서 서울로 갈 수 있는 세 갈래 길이 있는 지역이었기 때문이다. 이 지역에 살던 부안임씨들을 지칭할 때 시거리 임씨라고도 했는데 이 시거리는 세거리의 변음인 것이다.

## 오강(吳江)과 초강(楚江)의 유래와 의미

오강(吳江), 초강(楚江)이라는 명칭을 이해하기 위해서는 먼저 오강팔정(五江八亭)에 대하여 이해하는 것이 선행되어야 한다. 오강팔정(五江八亭)이란 말 중에 오강(五江)이라 함은 과거 금강 뱃길을 이용하여 물류교역을 할 때에 금강변 주요 포구나 나루에 붙여진 주요 다섯 곳의 강 이름을 지칭하는 것이고, 팔정(八亭)이라 함은 아름다운 금강의 풍광이 있는 곳에 세웠던 8개의 정자를 말하는 것이다.

금강을 부르는 다섯 가지 이름을 살펴보면 오강(吳江－동진 하류), 초강(楚江－부강 하류), 금강(錦江－공주 상류), 백마강(白馬江－부여 나루터), 청강(백마강 하류)이고, 풍광이 좋았던 곳에 세워진 팔정(八亭)은 합강정(合江亭－세종시 합강 ), 독락정(獨樂亭－세종시 나성리), 한림정(翰林亭－세종시 금남), 탁금정(濯錦亭－세종시 공주시 경계), 금벽정(錦壁亭－세종시 공주시 경계), 사송정(四松亭－공주시 무릉동), 청풍정(淸風亭), 수북정(水北亭)이다.

부강철교에서 바라 본 부강포구 입구

우리 지역 세종시는 금강 중하류에서 금강을 지칭하는 다섯 가지 이름 중에 두 곳(오강, 초강)을 품고 있다. 오강(吳江)은 지금의 월하천이 미호천을 만나는 남면 보통리 지역인 동진 나루터(일명 적막이라고도 부름) 일대를 부르던 이름이고, 초강(楚江)은 지금의 부강면 부강 중학교 뒷편에 있었던 부강 포구 일대를 일컫는 것이다.

오강 전경- 강 건너 연기면의 당산이 보인다

오강(吳江)은 주로 새우젓갈류를 취급하는 큰 내륙 포구였고, 부강포구의 경우는 50톤 되는 배가 정착할 수 있는 규모의 포구였다고 한다. 세종지역의 금강은 서해안의 물류를 내륙에 전달하기 위한 최종 종착지로의 역할을 한 것이다. 이 두 곳을 중심으로 인근 지역에서는 다양한 경제 교류, 풍부한 문화적인 생산이 이루어졌음을 미루어 짐작할 수 있는 곳이다. 청주대학교 설립, 장욱진 화백 탄생, 부강의 보도연맹 등은 모두 내륙포구의 기능을 하였던 이 지역과 연관이 있다.

부강포구 추정지 – 앞 제방 넘어가 부강포구 추정지이고 멀리 부강중학교가 보인다

그러나 현재 이 두 곳은 이름만 있고 흔적은 없다. 또한 충분한 사료들도 조사 된 것이 없는 상태이다. 분명 과거에는 이 두 곳이 교역과 문화의 중심이었을 것인데 말이다. 이 지역은 행복도시 예정지와 조금 벗어나 있어 신도심 도시계획지역에도 포함되지 않았고, 연기군 지역이 세종시 대부분을 차지하고 있어 편입지역인 부강에 대하여 충분한 배려가 부족한 것이 현실이기에 그럴 수도 있을 것이다.

## 고향의 혼이 담긴 성숙한 개발을 기대해 본다

오강(吳江)과 초강(楚江)은 세종시 금강 · 미호천 수변의 훌륭한 문화 콘텐츠를 만들 수 있는 많은 자료를 충분히 제공할 수 있을 것이다. 필자는 오강(吳江)과 초강(楚江)이 다시 살아났으면 하는 바람이 있다. 우선 시급한 것은 세종시 금강 · 미호천 수변 지역에 대한 종합적인 실태조사이다. 세종시 금강 · 미호천 수변에 대한 생태적인 측면, 역사문화적인 측면의 충분한 데이터베이스가 있을 때 진정한 세종시만의 독특한 역사문화 자원은 탄생할 수 있기 때문이다.

발전이라는 개념 속에 개발만이 아니라 성숙이라는 개념도 포함하는 것이 요즘의 추세이다. 단순히 세종시 금강 · 미호천 수변 지역에 정주기능 확보를 위해 친수공간만을 개발하는 것으로는 부족한 것 같다. 세종시의 금강 · 미호천 수변은 경관 보전지역, 친수공간, 지역역사문화 복원지역으로 접근할 때 진정한 금강의 모습을 취할 수 있다. 금강세종시의 현재, 과거, 미래가 모두 살아있는 접근이 필요하다. 금강 · 미호천 수변에 고향의 혼이 담긴 성숙한 개발이 이루어지기를 기대해 본다.

# 세종시 공동체 뿌리를 찾아보다

## 동네사람, 공동체의 뿌리는 무엇일까

동네사람이란 말이 있다. 이 말은 보통 친숙과 정겨움의 대명사로 쓰인다. 동네사람들 간에는 "저 집에 숟가락, 젓가락이 몇 개인지 알어" 라고 자신 있게 이야기한다. 서로가 애경사 챙기는 것을 암묵적인 의무로 여기고, 슬픈 일이 있으면 슬픔을 함께 나누고, 기쁜 일이 있으면 함께 기뻐하는 것을 당연히 여긴다. 어찌 보면 동네사람이라는 말은 가족과 같은 관계로 사회 속에서 형성된 공동체의 또 다른 표현이면서 기본 단위이기도 하다.

동네사람이라고 할 때 동(洞)자는 물수변(氵)에 같을 동(同)의 조합으로 그 의미를 보면 같은 물을 먹고 마시는 사람들이란 뜻이다. 이 말은 사회 공동체를 이루는 가장 기본적인 성격이 같은 물을 마시고 먹는 사람들로 구성된다는 의미이다.

그 의미를 좀 더 확대 시킨 말이 '유역(流域,drainage area)'이라는 말이다. 유역은 하천의 물이 주위의 지역으로 모여 흘러가는 집수구역을 일컫는 것이다. 이 말은 행정구역과는 다른 개념이다. 행정구역이 통치 관리 편의를 위하여 충청도, 전라도 등의 시 · 도로 나누는 거라면 '유역'이라는 말은 하천의 집수 상황을 중심으로 나눈 것이다. 그래서 금강유역은 행정구역으로는 충청도, 전라도를 포함한 지역이다. 유역이라는 말은 주로 생태환경을 관리하는 측면에서 많이 사용하고 있다. 환경부 산하 금강유역환경청, 한강유역환경청 등은 이런 업무를 담당하는 국가 기관이다.

## 금강유역의 뿌리는 어디일까

사회 공동체를 단지 행정구역으로만 국한시키지 않고 함께 물을 먹고 사용하는 측면에서 바라본다면 좀 더 생동감이 있다. 생명의 근원인 물을 중심으로 사람과 사회, 자연을 함께 그리고 동시에 볼 수 있기 때문이다.

세종시는 금강유역에 속한다. 그런데 세종시를 흐르는 금강이 세종시에서 시작하여 끝나는 것은 아니다. 멀리 장수군에서 시작하여 무주, 영동, 금산, 옥천, 대전을 거쳐 세종시에 유입이 된다.

이렇게 흐르는 금강의 뿌리는 어디일까? 전북 장수군에 가면 수분리라는 동네가 있다. 동네 이름이 물을 나누는 동네라 하여 수분리라고 한다. 아직도 호젓한 농경문화를 간직한 마을을 지나 신무산에서 흐르는 계곡을 따라 오르다 보면 금강의 발원지인 뜬봉샘이 나온다.

한강의 발원지인 검룡소처럼 신비스러운 분위기나 낙동강의 발원지인 황지 연못처럼 풍성하진 않다. 그저 말없이 먼 산을 바라보는 쑥스

금강 발원지 뜬봉샘

런 산골 여인처럼 수더분하면서도 소담한 옹달샘 모습을 하고 있다. 금강을 상징하는 발원지라고 말하기 초라할 정도로 그저 평범하다. 근데 이 같은 뜬봉샘을 오르다 보면 이곳이 '물뿌랭이 마을'이었다고 증언하는 할머니의 말을 옮겨놓은 입간판이 있는데, 그 내용이 계속 머릿속을 맴돌게 만든다. 꼭 이 말이 이곳이 천리길을 달리는 금강의 시작점이고, 많은 사람들의 생명을 살리게 하는 금강의 뿌리라고 강조하는 것 같기 때문이다.

## 세종시 공동체의 뿌리는 어디로 할 것인가

금강의 뿌리가 장수군 수분리 신무산 뜬봉샘이라면 세종시 하천의 발원지는 어디일까? 사람들이 물을 중심으로 공동체를 이루고 살았으므로 발원지를 찾는 것은 우리 세종시 공동체의 뿌리를 찾는 작업인 동시에 상징을 세우는 일이다.

세종시는 금강 본류가 흐르고, 제일 지류인 미호천의 최남단 하류 지역이다. 또한 전의면, 전동면 그리고 조치원을 지나 미호천과 합류하는 조천이 있고, 장군면을 적시는 대교천이 금강과 만난다. 옛 금남면을 지나는 삼성천, 용수천이 금강으로 유입되는 등 많은 물줄기가 산재되어 있다. 하지만 세종시에 있어서 이곳이 세종시 물줄기의 시작이라고 명시하여 표기된 곳은 아직 없다.

일반적으로 강의 발원지를 정할 때 기준은 바다로부터 가장 거리가 먼 곳에 있는 용출하는 샘을 지정하는 것이 일반적이다. 이런 기준으로 세종시 물줄기의 발원지를 찾아본다면 우선적으로 금강으로부터 가장 먼 곳을 상정해야 한다. 그곳은 고구마처럼 길게 남북으로 되어 있는 세종시의 지리적인 특성상, 조천이 된다. 조천은 세종시 북단에 위치하기에 금강으로부터 자연스럽게 가장 먼 곳이 된다. 참고로 말한다면 소정면은 금강 수계가 아니라 국교천 수계이다.

필자의 조사에 의하면 조천의 최상류는 전의면 다방리이다. 전의면 금사리를 지나 서면 쌍류리와 경계를 이루는 고갯길이 조천의 물길을 가르는 분수령이 된다. 이곳에서 자체적으로 용출하는 샘을 찾아본다면 비

전의 다방리 수랑골 우물 전경

암사 뒷 계곡과 수랑골 우물이 있다. 수랑골 우물은 아직도 잘 보존되어 있고, 인근에 관리할 사람들이 있다는 장점이 있는 반면 실측의 결과 과연 이곳인가라는 것에는 회의적이다. 반면 비암사 뒤 계곡은 실측의 거리상 발원지로 상정할 수 있는 조건은 가지고 있지만 정확한 장소에 대한 확인이 아직 없다.

논란의 여지는 있지만 필자는 세종시 하천 발원지를 비암사 경내 '다비숲 연못'으로 정하면 어떨까 한다[1]. 비암사 뒷 계곡은 일반인들이 접근하기에 현실적으로 어려움이 있기 때문이다. 그러기에 사람들이 쉽게 접근할 수 있는 '다비숲 연못'을 세종시 물줄기의 발원지로 삼는 것이 현실적인 배려가 아닐까 한다.

---

1) 세종시는 2017년 연구결과에 따라 지리적 발원지가 덜곡계곡이지만 역사적 발원지인 이곳에 조천 발원지 안내판을 세워두었다.

비암사 경내 다비숲 연못

세종시 물줄기 발원지를 지정하는 것은 세종시 공동체의 뿌리를 찾고 상징을 세우는 작업이다. 세종시는 현재 폭발적인 외부 인구 유입과 광범위한 개발이 한창이기에 더욱 더 정신적인 구심점이 필요하다. 또한 이는 인문학적 가치를 생산하는 것이고, 새로 이주한 분들에게 정주 기능의 폭을 넓히는 역할도 할 것이라고 본다.

# 세종시의 가장 큰 어른산(祖山), 월조산

오랫동안 머리에 남아있는 우화가 하나 있다. 바늘을 잃어버린 사람의 이야기이다. 어느 날 한 사람이 외딴 가로등 길을 걸어가고 있었다. 그는 가로등 아래서 무엇인가를 찾고 있는 사람을 발견한다. 처음에는 '무엇인가를 잃어버려 찾고 있나보다' 라고 생각하고 그냥 지나쳤다. 그런데 다음날에도 그 사람은 가로등 아래에서 무엇인가를 열심히 찾고 있었다. 그 다음날에도, 그 다음날에도 계속 무엇인가를 찾고 있었다. 매번 같은 행동을 하고 있기에 그는 궁금도 하고, 호기심이 발동하여 가로등 아래에서 무엇인가를 찾고 있는 사람에게 물어 보았다.

"무엇을 그리 열심히 찾고 계세요?"

무엇인가를 찾고 있는 사람이 대답하였다.

"잃어버린 바늘을 찾고 있습니다."

지나가는 사람이 다시 물어 보았다.

"중요한 바늘인가 봐요. 그리 여러 날을 찾고 있는 것을 보면요…"

"바늘이 작아서 찾기가 쉽지 않죠."

"그런데 혹시 어디에서 잃어버리셨어요?"

무엇인가를 찾고 있는 사람이 아무런 고민도 없이 대답하였다.

"저 숲속에서 잃어 버렸는데요."

지나가는 사람이 어이가 없어 다시 물어 보았다.

"저 숲속에서 잃어버린 것을 왜 이 가로등 아래에서 찾고 계세요?"

무엇인가를 찾고 있는 사람이 당연하다는 듯이 대답하였다.

"저 숲속은 어둡고 이쪽은 환하잖아요. 그냥 환한 곳에서 찾고 있는 거에요."

이 우화를 들으면서 '이런 어리석은 사람이 있나? 잃어버린 것을 잃어버린 곳에서 찾아야지.'라는 생각이 들면서 동시에 필자도 이런 생활을 하고 있지는 않은가 생각을 하게 하였다. 문제의 해결을 문제가 발생한 곳에서 찾는 것이 아니라 편한 곳에서 찾는 방법적인 오류를 당연시 하고 있지는 않는가 하고 말이다.

세종시는 새로이 건설 중인 도시이다. 세종시 행정 구역을 단순화 시켜 보면  중앙정부 주도 계획도시 지역과 그 이전부터 도심을 이룬 지역으로 구성되어 있다. 중앙정부 주도 계획도시 지역은 국가 차원의 사업이기에 그 규모나 재원이 상대적으로 크고 많다. 그래서 다양한 조사와 개발 사업의 수준이 높은 편이다. 상대적으로 원도심 지역은 신도심 지역에 비하여 그 수준과 폭이 적을 수 밖에 없다. 그래서인지 중앙 주도의 개발 대상인 신도심 자료가 세종시 전체의 대표성을 갖는 오해가 종종 발생하곤 한다. 한 예로 신도심의 자연환경을 말할 때 삼산이수의 풍광

조선시대 지도에 표시된 '월조산'

이 좋은 곳이라고 설명을 하면서 삼산을 전월산, 원수산, 괴화산으로 설명한다. 이곳에서 말한 삼산은 정확히 신도심의 개발 대상 지역 안에서의 삼산이지 세종시 전체의 중심 산을 말하는 것은 아니다. 일부에서 세종시 전체의 중심 산에 대한 조사와 자료가 부족한 관계로 그냥 신도시의 삼산이 세종시 전체의 중심 산처럼 인식되고 있는 실정이다. 분명 신도심 중심의 자연환경을 보는 것과 세종시 전체에서 자연환경을 보는 것은 다른데도 말이다.

이런 현상의 결과는 세종시를 사실과 다르게 왜곡시킬 수 있는 요인이 된다. 특히 자연환경 분야는 더 심각한 왜곡을 가져 올 수 있다. 자연은 인간이 인위적으로 구별 분리하는 대로 이루어지는 것이 아니라 유기체적인 관계 속에서 바라볼 때 그 관계 설정이 제대로 될 수 있기 때문이다.

우리 선조들은 땅을 볼 때 산과 강으로 이루어졌다라고 생각했다. 산도 하나 하나의 산으로 분리해서 보지 않고 백두산에서 이어지는 산줄기로 봤다. 가계의 족보처럼 말이다. 이 같은 생각은 세종시 전체의 지속가능한 발전과 생태도시를 이루기 위해서 기본적인 전제 조건이다.

이 같은 관점에서 세종시 전체의 가장 큰 어른산(祖山)이 어디일까를 생각해 보는 것은 의미가 있을 것이다. 어른산은 가장 높은 산과는 다른 개념이다. 집안의 족보로 따지면 장남이 누구냐는 말이다. 장남이 가장 높을 수도 있지만 그렇지 않을 수도 있다.

1854년 간행된 전성지(全城誌)의 산천조에 세종시의 가장 큰 어른산(祖山)은 '월조산(月照山)'이라고 쓰여 있다.

"직산의 위레성과 목천의 흑성산을 거쳐서 연기의 월조산은 3갈래로 나누인다.(…중략…)"

월조산은 우리 지역사람들에게도 낯설은 산 이름 중의 하나이다. 운주산처럼 가장 높은 산도 아니고, 옆에 있는 고려산처럼 역사적인 산도 아니다. 그저 산행을 즐기는 산사람들에게 금북정맥의 이정표 정도로 알려진 산이거나 백두대간에 관해 관심이 많은 소수의 사람들에게나 알려진 산이다. 동네사람들에게도 마을 뒷산인 '월조봉'으로 불리는 정도이다.

그런데 이 월조산이 세종시에 있어서 의미가 되는 것은 세종시의 자

월조산 인근에 들어선 세종 첨단 산업단지 공사 모습

연을 유기적인 관점에서 볼 때 좌표가 될 수 있으며, 생태적 건강성을 찾는 출발점이 될 수 있기 때문이다. 백두산에서 출발한 백두대간이 속리산에서 갈라져 한강과 금강을 가르는 한남금북정맥이 되고, 안성시 칠장산에서 갈라져 금북정맥이 되는데 세종시에 진입하는 첫 산이 월조산이다. 생태도시 세종시를 위해서는 건강한 산줄기의 보전이 중요한데 그것을 위해서 그 출발점이 되는 산인 것이다. 우리나라 전체 산줄기를 나무로 본다면 기본 줄기에서 뻗은 세종지역이란 가지의 출발점이다. 신도심의 주요 산인 전월산이나 원수산의 원천과 근거를 월조산에서 이어지는 산줄기로 봐야 세종시 자연환경의 생태 건강성을 제대로 볼 수 있다.

이런 월조산에 가보면 이곳이 세종시의 산줄기 출발점인가 하는 정도로 초라하다. 산사람들이 산행을 위해 표지해 놓은 흔적(리본)들과 산 정상에 A4 용지로 코팅한 표지가 전부이다. 어른산이라고 꼭 표를 내야 하

금북정맥 세종시 집입로에 달려있는
산길 알림표

지나가는 산사람이 표시한 월조산 표식
(박건석 블러그 제공)

는 것은 아니지만 이곳이 세종의 어른산이란 표지와 산사람들이 지나갈 때 이곳이 세종시라는 것을 알 수 있는 안내판 정도라도 있으면 좋겠다는 생각이 든다. 세종시는 새로 그리는 그림과 같은 도시이다. 새로운 그림을 그리기 위해서는 전체적인 구도가 기본적으로 필요하고, 작고 다양한 부분에 대해서도 관심과 배려가 있을 때 세종시는 더 살기 좋은 도시, 더 의미 있는 도시가 될 것이다.

# 세종시 생태경관 핵심지역인 합강

## 친수 공간으로 할 것인가? 생태 핵심지역으로 할 것인가?

세종시는 2016년 5월 19일 "2013년부터 운영해 온 연기면 세종리 합강 오토캠핑장의 여유 부지를 활용해 누구나 손쉽게 야외 캠핑활동을 즐길 수 있는 〈태극캠핑장〉을 조성하겠다"고 발표하였다. 세종시가 많은 인구 유입을 예상하여 친수공간을 늘리고, 정비하는 것은 당연한 일이다. 하지만 합강 지역을 친수공간으로 활용하는 것이 좋은지 아니면 자연환경 생태보전지역으로 설정하는 것이 좋은지는 재고하여야 할 문제이다. 합강 지역에 대한 많은 문건과 보고서에서는 이곳을 세종시 생태핵심지역으로 설정하고 있기 때문이다. 또한 합강 지역에 대한 종합적인 관리 체계가 아직 성립되어 있지 않기 때문이다.

## 합강은 많은 문헌과 보고서에 세종시의 생태핵심지역으로 기술하고 있다

2006년 행정중심복합도시 건설사업 개발계획에 언급된 '행복도시 생태네트워크 및 주요 보전지역 구상도'에서는 합강지역을 합수부 보전지

합강 지역은 구릉지 형태의
산림생태계와 넓은 농경지를 이루는 전이 생태계 그리고
상류로 부터 내려와 퇴적 된 고운 모래로 이루어진 하천생태계를
동시에 이루고 있어 다양한 생물종이 서식할 수 있는
최적의 조건을 이루는 장소이다.
이런 자연 지형과 조건에 따라 합강은
멸종위기 1급인 수달이 서식하는 장소이고,
생태경관의 우산종인 흰꼬리 수리(멸종위기 1급) 및
큰기러기(멸종위기 2급)가 월동하는 철새 도래지이면서
생물다양성이 아주 높은
생태자원의 보고인 곳이다.

2016년 전월산에서 바라본 합강 전경

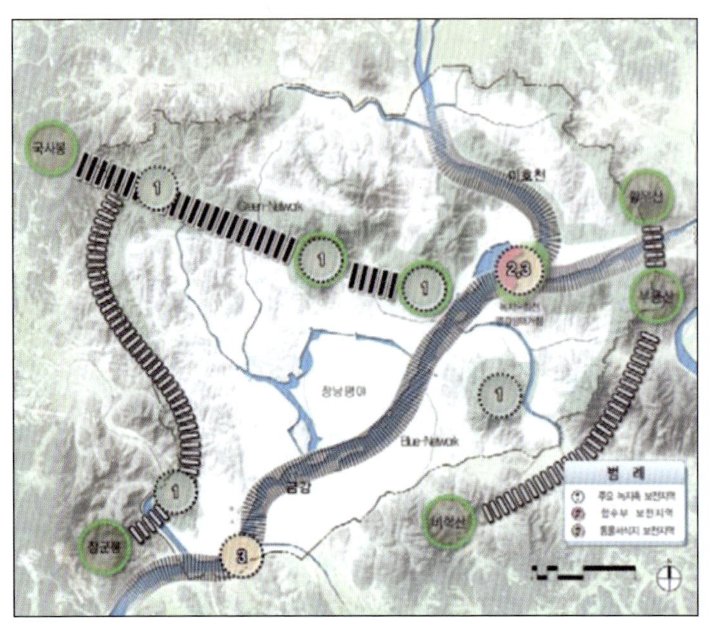

2006년 행정중심복합도시 건설사업 개발계획 내 생태네트워크 모형도

역과 동물보전지 보전지역으로 설정하고 있으며, 2007년 금강유역환경청 고시(제2007-75호)에서는 합강리 산113외 6(면적 3.60km)를 원앙, 오리류, 멸종위기 1급인 수달 등의 야생생물보호구역으로 지정하고 있다.

2013년 11월에 보고된 세종시 자연환경보전실천계획에서는 합강지역을 습지생태경관보전지역 지정대상으로 제시하였고, 2014년 2월에 보고된 세종시 2030년 세종도시기본계획에서는 합강을 복원하여 관리하고, 합강습지보호구역으로 지정할 수 있도록 유도함은 물론 토지매입 및 모니터링을 통한 지속적인 관리를 해야 한다고 했다.

2014년 6월에 보고된 세종시 환경보전종합계획에서는 세종시 환경보전 6대 중점 프로젝트 중 환경 박물관 편에 합강습지 보호구역 지정을 제시하면서 합강에 대한 자연환경조사 실시, 서식지 관리, 관계부처와의 협의를 제시하고 있다. 또한 2014년 12월에 보고된 푸른세종21실천협의회 세종의제(84쪽)에서는 '세종의제 2'로 '세종시 생태핵심지역인 합강습지를 생태경관보전지역으로 지정한다'로 정하고, 실천지침 중 하나로 합강 주변 시군과 '합강 보전협의회'를 구성 · 운영할 것을 제시했다.

## 합강이 세종시의 생태핵심지역이 될 수 있는 것은 생물종의 다양성이 높고, 훌륭한 생태서식 조건을 가지고 있기 때문이다

합강 지역은 조류 사진을 촬영하는 사람과 다양한 새를 관찰하려는 사람들에게는 아주 적합한 장소로 정평이 나 있는 곳이다. 내륙에서는 보기 드물게 들새, 산새, 물새, 그리고 철새를 한 장소에서 동시에 볼 수 있기 때문이다. 이곳은 넓은 강폭과 많은 하중도가 있고, 주변에 다양한 산들과 너른 들판이 있기에 다양한 새들이 먹이터로, 휴식처로, 보금자리로 삼기에 아주 훌륭한 장소이다. 그런 이유 때문인지 새의 동정을 위한 가장 대표적 도감인 『한국의 새』(LG상록재단 발행, 이우신, 구태회, 박진영 지음)에서도 합강지역(연기)을 한국의 주요 철새 도래지로 표시하고 있다.

또한 2007년 4차례 조사를 통해 나타난 호남고속철도 계룡산 통과구간 환경생태공동조사 요약 보고서에 의하면, 조류의 경우 합강리 3개 지점에 30과 61종 2,967개체가 서식하고 있는 것으로 밝혀졌다.(천연기념물: 황조롱이, 소쩍새, 참매, 노랑부리저어새, 큰고니, 원앙/멸종위기종 1

한국의 주요 철새 도래지를 표시한 도감 및 지도

급: 노랑부리저어새/멸종위기종 2급: 참매, 큰고니, 말똥가리, 흰목물떼새) 또한 2007년 10월~2008년 2월까지 전 대전충남녹색연합 최수경 대표의 조사활동으로 추가 확인된 개체는 멸종위기 1급인 수달, 흰꼬리수리, 붉은배새매, 솔부엉이, 큰 기러기 3천여 마리, 가창오리 6백여 마리 등이 서식하고 있는 것으로 알려지고 있다.

## 이전에는 합강 보전을 위한 많은 배려들이 있었다

합강지역의 생태적 우수성을 많은 활동가들과 전문가들은 이미 잘 알고 있었기에 합강 관련 개발을 할 때에는 우선적인 배려를 하려고 노력했다.

2006년 행복도시가 친수공간 확보를 위해 금남대교 아래에 소수력발전소와 수중보(현재는 4대강 사업으로 세종보로 변경) 건설 계획을 세울 때에도 합강 지역 버드나무 숲과 하중도 그리고 철새 도래지 보호를 위해 다른 강의 보들보다 담수량을 현저히 낮추어 현재의 높이로 설정했다.

또한 행복도시 환경영향평가 협의 시 전월산과 합강 습지가 강변도로로 절단되었기에 이를 연결하는 생태통로 설치를 제시했고, 2012년 당시 고속전철 사후 환경영향평가를 위한 환경단체들과의 협의회에서는 당초 계획이었던 금강변 교각 하단 친수공간 공원 조성을 금강변 경관 보전을 위해 철회한 적도 있다.

## 합강의 개발과 보전을 위해 선행해야 할 것은 종합적인 자연환경 생태조사이다

합강 지역은 구릉지 형태의 산림생태계와 넓은 농경지를 이루는 전이생태계 그리고 상류로부터 내려와 퇴적된 고운 모래로 이루어진 하천생태계를 동시에 이루고 있어 다양한 생물종이 서식할 수 있는 최적의 조건을 이루는 장소이다.

이런 자연 지형과 조건에 따라 합강은 멸종위기 1급인 수달이 서식하는 장소이고, 생태경관의 우산종인 흰꼬리 수리(멸종위기 1급) 및 큰기러기(멸종위기 2급)가 월동하는 철새 도래지이면서 생물다양성이 아주 높은 생태자원의 보고이다.

이런 곳에 기 설치된 오토캠핑장은 잘못된 4대강 사업과 함께 재평가

2009년 합강에서 찍은 털발말똥가리 사진(우희철 기자)

받아야 할 사업이다. 일반 시민들에게는 수질 보전을 위하여 하천에서 차량 세척이나 농기구 세척을 금지시키면서 행정기관은 합법적으로 하천 수질 오염 유발을 방치하는 사업이기 때문이다. 잘못된 4대강 사업이 아직 재평가 되지 않은 상황에서 추가로 인공적인 시설물을 설치한다면 이는 잘못된 4대강 사업을 용인하는 것이며, 생태적으로 우수한 합강지역을 훼손하는 역할도 하는 것이다.

바람직한 합강에 대한 접근은 사업을 시행하기 전에 먼저 자연환경조사를 실시하고, 이곳에 가치를 논의한 후 보전과 활용을 결정하는 것이 순리일 것이다. 현재 합강 인근에는 꾀꼬리봉 등산로 사업, 합강의 태극캠핑장 조성사업 등 많은 사업이 구상 중이다. 하지만 정작 합강을 중심으로 한 종합적인 생태환경조사는 이루어지고 있지 않은 상태이다. 자연환경은 부분들의 조합으로 이루어지는 기계 부품이 아니다. 그러므로 많

2011년 4대강 공사 중 월산습지에 수달의 집을 짓고 설치한 모습

은 문헌과 보고서에서 지적한 대로 무엇보다도 세종시의 생태핵심지역인 합강을 중심으로 선행적으로 자연환경생태조사가 이루어져야 마땅하다.

만약 종합적인 자연환경 생태조사가 이루어진 후에 사업이 진행된다면 필자는 '세종시 환경보전 종합계획'에서 제안한 '생태놀이터'나 '생태박물관'형식이 도입되었으면 하는 바람이다. 인공적인 시설보다 자연경관을 보전하고, 이를 활용하는 방법이 좋을 것이다. 합강을 잘 보전하고 관리하여 향후 우리 후손들이 봄철에는 기다란 달뿌리 군락 속에서 지저귀는 개개비와 오목눈이의 노랫소리를 듣고, 가을에는 다른 지역과 차별화되는 내륙최대의 은빛 물억새 군락의 장관을 지속적으로 볼 수 있기를 희망한다.

# 세종시 중앙녹지공간 설계 국제공모 당선작 "오래된 미래"에 대한 단상[2)]

2002년 노대통령의 신행정수도 공약을 기점으로 세종시는 강산이 바뀐다는 10년을 넘어 달리고 있다. 정치적인 이해관계 속에서 신행정수도에서 행정중심복합도시로 바뀌었고, 또 다시 기업도시로 수정되려는 진통도 있었지만 그 속에서 나름 잘 달리고 있다.

세종시에는 금개구리에 대한 논쟁이 뜨겁다. 중앙녹지공간에 들어설 중앙공원에 금개구리를 보전하는 논 존치와 크기가 합당한가라는 문제이다. 이 문제는 그간 세종시에서 이루어졌던 세종시 존립의 문제, 세종시 법적 지위와 면적에 대한 논란에서 입주민들의 생활적인 편의 조건과 시설에 대한 관심으로 변화하고 있다는 지표일 것이다. 세종시에 입주하면서 가졌던 명품도시에 대한 높은 기대 심리가 아직 진행 중인 도시라는 현실에 부딪치면서 표출되는 자연스러운 현상일 수도 있다. 이런

2) 중앙녹지공간에 대한 논쟁이 심했던 2005년도에 쓴 글이기에 이후 변화된 것도 있음(국회의사당 부지에 대한 것은 반영되지 못했음).

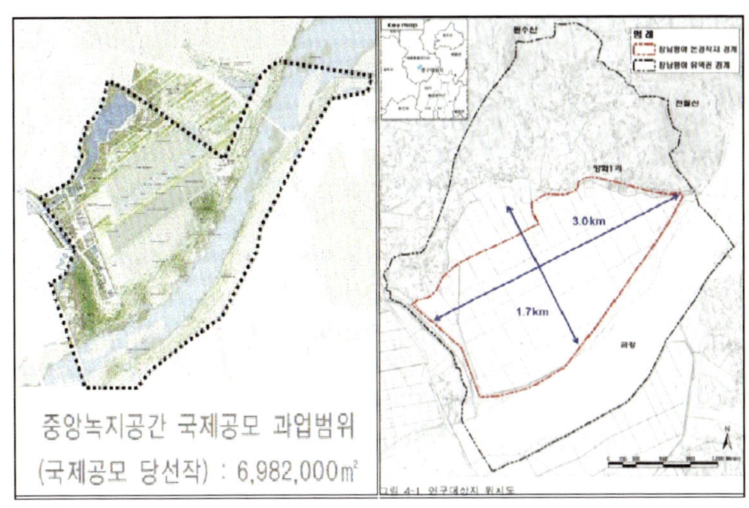


그림1) 중앙녹지공간 과업 범위
(자료: 중앙녹지공간 기본설계보고서)

그림2) 장남들판의 면적(자료: 행복도시 중안녹지공간 일대 금개구리 집단서식처 환경생태현황조사 및 보전 방안 연구 보고서(2013년)

현상 속에서 지난 시간을 돌아보며 우리의 세종시의 미래를 다시 모색해 보는 것도 의미 있는 일이 될 것이다.

세종시는 자연발생적인 도시가 아니라 계획도시이기에 도시계획 정책의 측면에서 다시 돌아보는 것이 합당할 것이다. 세종시는 도시를 계획하면서 독특하게 국제공모라는 방식을 많이 채택했다. 이제는 당연하다고 생각되는 환상형 도시 형태도 국제 공모라는 형식을 빌려서 이루어졌고, 환상형 도시의 철학적 기반을 근거로 중앙녹지 공간도 국제공모를 통하여 선정되었다. 하여 필자는 세종시 중앙녹지 공간의 변천을 돌아보면서 친환경생태도시인 세종시의 미래를 논하고자 한다.

세종시 건설 주무부서인 건설청은 2007년 2월에 그림1과 같이 6,982,000㎡의 면적과 모양을 갖춘 세종시 중앙녹지 공간에 대한 기본설계를 국제공모했다.

그림1은 중앙녹지공간 국제공모 과업 범위를 나타내고, 그림2는 중앙녹지공간의 많은 부분을 차지하고 있는 장남들판의 크기(가로3㎞,세로 1.7㎞)를 보여준다. 이들 그림 속에서 주의 깊게 봐야 할 것은 장남들판의 5분의 2 정도가 중앙녹지공간에서 제외되었다는 것이다. 현재는 토지 용도가 저밀도 주택지로 결정되어 성토된 곳이다. 녹지공간이라고 생각되는 곳이 저밀도 주택지로 개발된다는 것은 조감도만으로는 구별하기 힘들고, 이곳이 녹지공간이 아니라는 것을 알면 의아하게 생각하는 사람들이 많다. 저밀도 주택지를 부동산 가치로만 생각하는 사람들에게 있어 세종 중앙녹지 공간은 공유의 대상이라기보다 자신의 개인적인 자산 증식의 대상으로 볼 수 있는 부분이기 때문이다.

이런 면적과 모양을 가진 세종시 중앙녹지공간은 2007년 8월에 논을 기본주제로 한 '오래된 미래'가 국제공모 당선작으로 발표되었다.

그림3은 중앙녹지공간 국제공모 당선작이다. 우리 세종시의 도시계획의 기본철학인 환상형 도시 건설과 중앙공간의 비움을 전통적인 농경문화와 연결하여 형상화한 모습이다. 그림4는 당선의 핵심 아이템인 논의 면적을 생산의 대지라는 형태로 나타내고 있다. 면적이 1,4929,000㎡이니 현재 천년의 숲 등의 중앙공원(총면적이 1,409,307㎡)의 면적보다 더 큰 면적임을 알 수 있다. 제방의 후퇴와 논의 존치라는 주제는 세종시

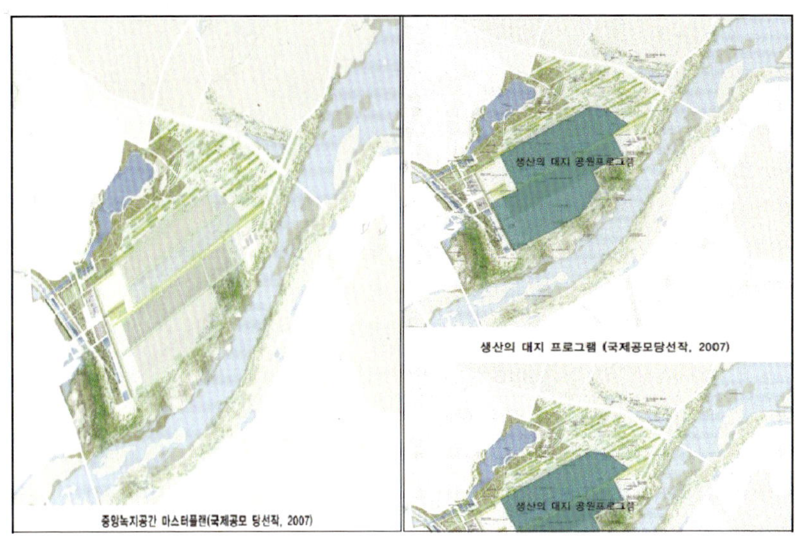


그림3) 중안녹지공간 공모 당선작
(자료: 중앙녹지공간 기본설계보고서)

그림4) 국제 공모 당선작 생산의 면적
(자료: 중앙녹지공간 기본설계보고서)

의 도시 건설에 있어서 도시의 철학을 나타내는 가장 핵심적인 아이템이고, 도시건설 정책의 방향을 나타내고 있음을 말해 주고 있다.

그러나 정권이 바뀌면서 4대강의 문제가 대두되고, 세종시 수정론이 일어나면서 중앙녹지공간(장남들판)은 많은 변화를 거치게 된다. 기본적으로 계단식 논으로 설계되었던 개념이 제방의 존치라는 현실에 금강 수변과 장남들판이 분리되고, 중앙호수공원이 별개로 추진되고, 국립수목원이 들어서게 된다.

계단식 논 형태를 기본으로 구상되었던 공간이 장남들판의 5분의 2 정도를 차지하는 저밀도 주택지, 일산의 호수공원보다 1.8배가 크다는 중앙호수공원, 식물 유전자 보전의 가치를 가지고 있는, 그러나 성토를

그림5) 정부수정안에 근거해 작성된 기본설계도
(자료: 중앙녹지공간 기본설계보고서)

그림6) 정부수정안 적용 개발계획도(2011)
(자료: 중앙녹지공간 기본설계보고서)

전제로 하여야 하는 국립수목원 그리고, 시민들의 문화 함양을 위한 박물관 단지와  천년의 숲과 시민 편의 공간이 되는 시설 그리고 생산의 대지를 가지고 있는 중앙공원으로 변경 구성되는 것이다.

그림6을 통해 추정할 수 있는 것은 세종 중앙녹지공간이 면적으로는 6,992.000㎡에서 1,409,307㎡로 변경되었는데, 주로 국제공모의 철학과 가치가 지켜지는 방향보다는 4대강토목공사를 추진하는 정권의 성격에 따라 변하는 모습을 보여 주고, 자연녹지의 원형을 보전하는 성격보다는 편의 시설의 확대로 변하였다는 것이다. 생산의 대지라는 논 존치의 문제도 처음 공모 안인 1,4929,000㎡에서 정권의 수정안을 받아 269,850㎡

으로 축소되었다가 야생동물 보호 및 관리에 관한 법률을 준수하기 위해 563,000㎡으로 수정하는 모습을 추론할 수 있는 부분이다.

필자가 그림6을 통하여 말하고 싶은 것은, 첫째로 장남들판이 대략 200만 평 정도 되는데, 이곳의 9할은 자연원형을 잃어버리는 성토를 통하여 주택지, 문화 체육시설, 그리고 근린녹지가 돼기에 그 1할 정도는 자연원형이 보전되는 녹지로 하여야 중앙녹지공간(장남들판)의 다양성도 이루고, 멀리서 날아오는 철새나 오랜 생활 살아왔던 양서류들도 공존할 수 있는 서식처가 될 수 있다는 것이다.

둘째로는 자연원형을 보전하지 못하는 것이 아쉽지만 논의 존치가 일정 이상이 되어야 국제공모를 통하여 채택되었던 신선한 아이템도 보전될 수 있다는 것이다. 국제공모는 우리가 민주시민으로 성장하는 색다른 국민참여의 새로운 패러다임이었다. 국제공모를 통하여 당선된 '오래된 미래'는 세종시가 친환경생태도시로 건설된다는 핵심 이미지이고, 세종시가 다른 도시와 다른 개성과 정체성을 나타내는 기준점인 것이다.

습지는 생명의 자궁이라고 한다. 이런 습지를 원형에 가깝게 보전하는 것은 인간이 자연 속에서 살아야 한다는 또 다른 표현이기 때문이기도 하다.

끝으로 그림7은 세종시 중앙녹지공간의 중심인 장남들판의 토지이용 모식도인데 붉은색(1~7번)은 자연원형보전의 녹지가 아니라 성토를 전제로 한 녹지공간 내지 주택지이고, 푸른색(8번)은 비교적 원형보전되는

그림7) 장남들판 토지이용 모식도(자료: 네이버 지도를 활용)

그림8) 중앙녹지공간 수정 기본설계 마스터플랜안

녹지를 나타내고 있다. 그림8은 중앙녹지공간 기본설계 수정 마스터플랜안인데 이를 통해 중앙녹지공간(장남들판)의 향후 공간설계의 다양성과 국제공모로 채택되었던 원안을 회상해 보았으면 한다. 참고로 장남들판(중앙녹지공간) 활용 구상 변경 흐름도(표 1)를 올린다.

| 구 분 | | 국제공모설계 당선안(공모당시 제외된 저밀도 주택 면적 포함) | 2011년 중앙녹지공간 기본설계안 | 2015년 중앙공원 기본계획 변경안 | 중앙공원 실시 설계안 |
|---|---|---|---|---|---|
| 1.전체면적 (㎡) | 초기공모범위 + 저밀도주택 면적 | 8,982,000 | 8,982,000 | 8,982,000 | 8,982,000 |
| | 공모 범위 | 6,982,000 | 1,409,307 | 1,409,307 | 1,409,307 |
| | 장남들판면적 | 5,100,000 | 5,100,000 | 5,100,000 | 5,100,000 |
| 가. 저밀도 주택지 | | 2,000,000(추정) | 2,000,000(추정) | 2,000,000(추정) | 2,000,000(추정) |
| 나. 호수공원 | | 확정 안됨 | 610000 | 610000 | 610000 |
| 다. 중앙 수목원 | | | 649,000 | 649,000 | 649,000 |
| 라. 박물관 단지 | | | 75000 | 75000 | 75000 |
| 마. 금강 수변 구역 | | | 자료미확인 | 자료미확인 | 자료미확인 |
| 바. 중앙녹지공간(중앙공원) | | 6,982,000 | 1,409,307 | 1,409,307 | 1,409,307 |
| 가 공원지역 | | 자료 미확인 | 639,430 | 496,800 | 522,083 |
| | -공원중심지역 | | 41,780 | 41,780 | 40,741 |
| | -상징광장 | | 12,070 | 12,070 | 21,333 |
| | -어울림 정원 | | 35,100 | 35,100 | 35,138 |
| | -도시축제마당 | | - | - | 62,130 |
| | -천년의 숲(가족여가숲) | | 393,020 | 238,470 | 249,776 |
| | -문화클러스트 | | - | - | - |
| | -복합체육시설 | | 157,460 | 169,380 | 112,965 |
| 나 보전지역 | | | 487,360 | 741,750 | 741,750 |
| | -생산의 대지 | 1,4929,000 | 269,850 | 563,000 | 524,271 |
| | -보전녹지 | 자료 미확인 | - | - | 73,486 |
| | -생산의 정원 | | - | - | 72,368 |
| | -도시텃밭 | | 74,460 | 58,450 | - |
| | -습지생태원 | | 120,200 | 22,600 | - |
| | -창포원 | | 120,200 | 22,600 | - |
| | -오색향기원(갈대습지) | | - | 53,000 | 71,625 |
| | -정화습지원 | | - | - | |
| 다 기타 | | | 282,517 | 170,767 | 145,474 |
| | -걷고 싶은 거리 | | - | 18,200 | 101,440 |
| | -외곽녹지등 | | 282,517 | 152,557 | 44,034 |
| 2. 사업비 | | 중앙공원 사업비: 1,641억(추정)/중앙수목원:1374억원/ 박물관단지: 4,552억원/호수공원 운영비 38억원/ | | | |
| 3. 특 징 | | -국제공모함<br>-장남들판 중 일부 제외 됨<br>-생산의 대지가 중심 테마 임 | -호수공원, 수목원 별도 추진<br>-문화클러스터, 신규유보지 등 토지이용 계획 결정<br>-제방의 존치<br>-생산의대지 축소 | -금개구리 보전 면적확정 | -복합체육시설 위히 변경 등 현재 설계 중 |

표1) 장남들판(중앙녹지공간) 활용 구상 변경 흐름도

(자료: 충북일보 최준호 기사(2015.9.16.) 재편집)

# 조천(鳥川)에서 바라본 풍경들

얼마 전 삶꽃 공동체라는 모임에서 '조천의 인문학'이란 주제로 강의를 해달라는 요청을 받았다. 하천을 중심으로 세종시 생태와 역사문화를 함께 알아보면 재미있겠다라는 생각으로 수락하고 이런 저런 자료를 정리해 보았다. 낯선 주제였지만 산자분수령이라는 한국 전통 지리 사상을 중심으로 강의하고 토론하는 과정 속에서 새로운 모습들을 발견할 수 있는 좋은 시간이었다.

## 조천의 인문학은 하천을 중심으로 살은 사람들의 흔적이다

조천 인문학은 조천의 유역 면적이 그 대상이다. 유역이란 하천을 중심으로 인근에 사람이 거주하고, 경제 생활을 하는 논과 밭 그리고 길을 포함하는 것이다. 자연과 관계를 맺으며 거주하고, 이용하고, 활용한 결과의 기록들이 결국 조천의 인문학이 되는 것이다.

세종시 지방 1급 하천인 조천은 세종시 북부에서 발원한 금강수계 미호천 지류하천이다. 전의 다방리의 갈마봉 샘에서 시작하여 전의 읍내를

비암사 입구 연못에 설치된 조천 안내판,
조천의 시작과 합수지점이 잘 나타나있다

지나 전동 개미고개를 빠져나간다. 짚으네에 머물다 병마산과 조형아파트를 지나 청주와 조치원을 경계하면서 번암리 쌍용제지 뒤에서 미호천을 만나게 된다. 유로연장(流路延長)이 30㎞, 하천연장이 14.3㎞, 유역면적이 136.21㎢이다. 조천의 인문학을 위해서는 먼저 조천 유역의 자연지리적 특징을 살펴봐야 할 것이다.

## 연기군 시절 전의면과 소정면 일부는 전화 지역번호가 달랐고, 충남인 조치원과 충북인 오송은 전화 지역번호가 같았다

금강의 발원지는 장수군 뜬봉샘이며, 미호천의 발원지는 마이산이라 하듯 세종시는 2017년 초천 발원지를 전의면 다방리 갈마봉 덜골의 하류샘으로 선정했다. 발원지는 하천의 하구에서 가장 먼 유로의 샘을 일반적으로 선정하는데, 갈마봉 덜골이 그에 해당한다. 발원지 선정의 의미는 이를 선정함으로 그 하천의 원줄기를 파악할 수 있다는 것이다. 조천의 원줄기는 주변의 실핏줄 같은 크고 작은 개천들이 합쳐지면서 점점 커지게 된다. 조천의 상류에 해당하는 전의 지역에는 금사리 국사봉, 유천리의 등고개, 고등리의 고려산, 전동면의 동림산 등이 있어 그곳에서도 발원지는 아니지만 각자 발원한 물들이 내를 이루며 조천과 합류를 한다.

특이한 점은 전의면 서부쪽 조천의 발원지가 되는 산줄기에서 동쪽으로 흐르는 물은 금강으로 흐르게 되고, 서쪽으로 흐르는 물줄기는 천안·아산을 거쳐 삽교천으로 흐른다. 옛날 조상들은 강과 강을 가르는 산줄기를 정맥이라 하였는데 이곳이 그에 해당하는 곳이다. 전의 읍내에서 천안으로 빠지는 곳에 있는 덕고개는 우리 세종지역에서 물을 가르는 대표적인 분수령이다.

분수령은 단지 물만 가르는 기능만 한 것이 아니라 사람들의 생활 조건과 문화도 다르게 하는 기능을 갖는다. 그 예로 연기군 시절, 같은 행정구역이었던 전의와 소정면이 전화 지역번호 앞자리가 달랐다는 것이다. 전의는 865－, 964, 62－로 시작하는 번호를 사용했고, 소정면은 천안아산과 같은 5**으로 시작하는 전화를 사용했다. 즉 소정면 일부는 천안 영향권 전화국 회선을 사용하고 전의는 연기군 영향권 전화 회선을 사용했다는 것이다. 반면 행정구역이 다른 조치원과 오송은 같은 전화번호를 사용했다.

다방리 도로에서 본 조천 발월식 덜골계곡 전경. 원안에 있는 사진은 하루샘 추정 지점

## 왕의 초수(椒水) 주변에는 왜 생수 공장이 많을까?

왕의 초수가 있는 전의면 고등리 일대에는 유난히 생수 공장이 많다. 소정면이란 지명의 유래도 작은 우물이란 뜻이다. 고려산성이 있을 정도의 고지대이면서 물이 많다는 것은 지하 암반 지각에 틈이 있다는 것이고, 지반 밑에 물이 모이는 장소라는 말이다. 강의 상류이면서 물이 많다는 것은 선사시대부터 사람이 모여 살 수 있는 조건이 된다. 강에 내려가지 않아도 물을 얻을 수 있다면 사람이 살기에 최적의 조건이 될 수 있는 것이다. 전의 일대는 산을 방어선으로 하여, 가운데 조천이 흐르는 분지 형태의 모습을 하고 있다. 삼국시대 이전부터 사람이 살았고, 구지현이라 불리다가 금지현으로 바뀌었다가 고려시대 이후 전의현의로 바뀌게 된다. 이는 선사시대부터 부족 단위의 공동체를 이루고 살았음을 알 수 있다.

## 전의금불초를 보셨나요

전의 지역에서 발견되어 그 이름을 전의금불초라 하였다 한다. 이는 전의 지역이 다른 지역과는 차별되는 독특한 기후, 지형이 있다는 말과도 같다. 생물의 분류 단위에서 그 생물의 고유한 정체성을 나타내는 기준이 종(種.,species)이다.

전의금불초가 전의 지역의 생태환경을 나타내는 지표가 된다면 이와 연동해서 생각할 수 있는 것이 전의 묘목 농업일 것이다. 전의의 나무 묘목이 다른 지역보다 우월한 경쟁력을 가질 수 있는 것은 씨앗에서 싹을 틔우는 기술과 다른 지역에 옮겨 심어도 잘 자라는 것이라 한다. 전의 지역은 험한 산지는 아니지만 비교적 산지 지역으로 다른 지역보다 온도가 낮고 분지 지형이라 외부의 찬 바람을 막아준다. 조경수는 주로 평지에 심기에 전의 묘목은 기후에 경쟁력이 있는 것이고, 이런 묘목을 키울 수 있는 조건으로 바람을 막아주는 분지 형태이기에 가능한 것이다.

전의 지역의 지형적 특정으로 인해 발생한 전의 묘목 농가 전경

## 조천은 개미고개 협곡을 흐른다

조천은 전의 지역 산줄기에서 발원한 물들이 모여 개미고개 협곡을 빠져나간다. 이곳은 금이산성(金伊山城), 이성(李城)이 있는 산줄기의 끝자락과 운주산의 산줄기 끝자락이 만나 협곡 같은 지형을 이룬다. 이곳에 철도 경부선과 1번 국도가 놓여 있다. 영화나 소설의 주요 전투 장면이 주로 협곡에서 이루어지는데 방어하는 사람에게는 유리하고 공격하는 사람에게는 꼭 지나가야 하는 필연적인 장소이기 때문이다. 6.25 전쟁 때 개미고개에서 왜 격렬한 전투가 있었는지는 이런 조천이 만든 협곡 지형이란 전제를 두면 실감나게 이해될 수 있다. 협곡이면서, 철도와 국도가 지나가는 지형이 바로 개미고개인 것이다. 옛날에는 이곳을 귀신 고개라고 불렀다고 하던데 이를 군사적 요충지라는 관점에서 보면 수긍할 수 있겠다.

## 중봉리 다리 강 바닥이 조치원 시내보다 높다구요

중봉리 다리는 조천을 사이에 두고 조치원과 오송을 잇는다. 이 다리는 일제 강점기 조천의 물줄기를 바꾸는 과정에서 놓여졌다. 원래의 조천 물줄기가 아니라 인공적으로 제방을 쌓아 된 물길이다. 조치원역이 생기고 도시 정비를 하는 과정에서 그 필요성에 의해서 만들어진 것이다. 조치원 지역을 흐르는 조천은 천정천(天井川: 하천바닥이 부근의 평야면보다 높은 하천)을 이룬다. 이런 하천의 특징은 심한 폭우가 내리면 쉽게 물이 불어 인근 평지 마을에 물난리를 나게 할 수 있다. 필자의 기억에도 1980년, 1987년, 1990년 초반에 조천 제방이 넘치려고 하여 보강

세종시와 청주시를 가르는 중봉리 인근은 자연하천이 아니기에
하천 하상이 조치원 평리 · 상리 인근 지역보다 높다

작업을 했던 것으로 안다.

조천 제방을 쌓으면서 생겨난 마을이 있다. 일명 뗏집거리이다. 이 마을은 제방을 쌓으면서 소유권이 불분명한 제방 아래 새로운 삶터를 찾는 사람들이나 거주지를 잃은 사람들이 떼(흙을 잡고 있는 띠풀)로 움막 같은 집을 짓고 살았던 마을이다. 지금은 그 자취가 사라지고 이름만 표지석으로 남아 있다.

## 벚꽃 핀 조천 끝자락에서 소로리 볍씨를 상상한다

조천은 번암리 쌍용제지 뒤에서 미호천과 합친다. 봄에는 벚꽃이 흐드러지게 피어 있어 훈훈하고, 여름에는 연꽃 공원이 자태를 한껏 자랑하고 겨울에는 많은 철새들이 모이는 곳이다.

세계에서 가장 오래된 볍씨 발견지(청주시 옥산면 소로리)

여기 갈 때마다 세계 최초의 농경문화라고 하는 소로리 볍씨를 생각한다. 조치원에서 오송을 지나 10여 리 가면 세계 최초 농경문화의 흔적이 있는 소로리 탄화볍씨 유적이 있고, 그 옆에는 마한시대 토성이라는 정북토성이 있다. 청주시와 세종시가 행정적으로 구별되기 이전의 선사시대에는 이곳과 조천은 거의 같은 생활권이라 할 수 있다. 이곳의 의미는 인간이 정착 생활을 했다는 최초의 유적이기 때문이다. 세계적인 자부심을 가질 수 있는 문화유산이다. 인간 정착 문명의 첫 시작이 이곳임을 알리는 지표인 셈이다. 우리가 살고 있는 이 땅이 바로 그런 곳이다.

옛날부터 사람이 살았다는 의미는 사람이 살기에 아주 좋다는 말과 통한다. 외부의 사람들로부터 침입을 막아주고 물산이 풍부하여 사람의 인심이 좋은 곳이란 의미도 내포하고 있다. 우리가 사는 동네가 말이다.

# 조천에 삶터를 잡은 사람들

조천은 전의면에서 물길을 모아 전동면을 가로지르다가 조치원과 청주의 행정적 경계선을 이루며 흘러간다. 상류에 있는 전의와 전동에서는 많은 산과 들 사이를 구비구비 흐르다가 조치원에 이르러서는 미호천과 합류하면서 낮은 구릉 사이에 넓은 충적 평야를 이룬다. 지형의 특성은 사람들이 처음으로 공동체를 이뤘던 시기, 경제적인 모습도 다르게 나타나고 있다. 전의와 조치원의 지명에 관련된 사람들을 살펴보면 그 의미가 더욱 분명해 진다.

### 전의 지명이 된 전씨와 이씨는 누구일까?

전의 지명은 시대별로 5번이나 바뀌었다. 구지, 금지, 전성, 전기, 전의 순인데 전동면과 소정면이 예전에는 한 고을이었다. 현재의 지명은 고려 태조 23년(940)에 전의현이 되어 오늘날까지 천 년 이상 불리어 오고 있다.

전의 지명은 오래전부터 살아왔던 백제 건국 공신인 전섭(全聶 전성 전씨)의 성과 왕건을 도와 공을 세운 이도(李棹-전의 이씨)의 성을 결합한 것으로 추정된다.

조치원고등학교 인근 다리에서 본 조천의 모습

전섭(全聶)은 온조가 백제를 세울 때 10명 공신 중 한 사람으로, 관직을 물러난 뒤에는 세종시 소정면과 인접한 천안시 풍세면에 살았다. 전의면에 있는 전씨들이 그의 후손이다. 전의의 전씨들이 전섭의 후손임은 국보 106호인 계유명전씨아미타삼존석상에서도 알 수 있다. 계유년에 전씨들이 역대 왕과 부모 7세를 기리기 위해서 사후의 세계를 관장하시는 부처님에게 불공을 드린다는 내용의 석비상이다. 백제가 멸망한 것을 아쉬워하는 백제의 유민들 중 백제의 개국 공신인 전섭의 후손들인 전씨들이 주도적으로 만들었을 것이다.

전의 이씨의 시조는 이도(李棹)라는 분이다. 왕건이 남하할 때 전의 성주로 나주전투, 이천과 금강의 도하를 도운 인물이다. 이후 고려개국 2등 공신으로 책봉되고 전산후가 된다. 전산은 전의의 옛 이름이다. 이도가 왕건과 같이 한 전투를 보면 특이하게 육지에서의 싸움보다 강이나

▼ 천안시 풍세면 심태리에 있는 천안 전씨 지조 단소 및 재실(한국학 중앙연구원 자료제공)

드라마 태조왕건에 나온 전의 성주 '이도' 방영 장면

바다와 관련된 전투가 많다. 이도 조상의 묘도 금강 변에 있는 것을 보면 이도는 전의에 근거지를 둔 금강 곰나루를 근거로 한 세력 또는 아산만을 근거로 한 해상 세력으로 추정할 수 있다. 더 나아가 곰나루 전설에 있는 곰은 전의 세력을 말하는 것이 아닌가 추론도 해본다. 외암 마을은 예안 이씨 집성촌인데 전의 이씨에서 갈라져 나온 분파이기에 외암 마을의 원 뿌리는 전의라고도 볼 수 있다.

## 조치원은 세종대왕의 애민정신이 만든 신도시였다

조치원 지명의 유래는 얼마 전까지 새내를 음역한 조천이 변했다는 설과 최치원 관련설로 이야기되었다. 주로 조치원 성립 시기는 일본의 침략 이후의 신도시 건설 과정과 연결되는 것으로 설명되었었다.

그런데 지난 2012년 발간된 『조치원 읍지』 발간 이후부터는 세종대

왕 시절 허만석 현감의 저치제(苧峙堤) 축성으로 보는 견해가 일반화되었다. 『동국여지승람』 연기현 편에는 허만석(세종 9년, 연기현감)이 연기현 북쪽 15리 청주경계의 하천을 막고 제방을 쌓았는데, 이때 청주사람 1,100여 명이 항의하였으나 이를 물리치고 마침내 1,000경이 넘는 논에 물을 댈 수 있는 큰 제방을 축조함으로써 백성의 칭송을 받았다는 기록이 있다. 그 제방이 현재 평리 일원 조천 제방으로 비정되며, 조치원과 관련 있는 최초의 기록이다.

허만석 현감은 왜 저치제를 축성했을까? 조선조의 시대 상황을 보면 도움이 된다. 조선은 역성 혁명으로 정권을 잡고 토지 개혁을 통해 민심을 얻어 탄생한 왕조이다. 고려말 정권을 잡은 이성계 군부와 정도전 같은 신진 사대부들이 개경 한복판에서 기존의 토지 문서를 불태우면서 일반 백성들도 자기 땅을 가질 수 있다는 희망이 생겼다. 토지 개혁을 통해 일반 백성들도 꿈이 생긴 것이다. 더 많은 농토는 더 많은 자영농을 만드는 토대가 된다. 유교가 말하는 왕도정치의 실현인 셈이다. 세종대왕도 이런 시대 배경에서 즉위하였다.

세종대왕의 사명 중 하나는 기존 농지에 합당한 세금의 기준을 세우는 일(공법)과 새로운 토지를 만드는 것이었다. 그래야 백성들은 좀 더 나은 윤택한 생활을 영위할 수 있기 때문이다. 새로운 농지는 하천 하류의 범람지가 그 대상지가 된다. 허만석 현감은 세종 9년에 연기에 파견되었다. 파견 당시 이런 시대 사명을 인지하고 있었을 것이고, 부임 후 이를 실천하려 노력했을 것이다. 그런 결과로 나타난 것이 연기와 청주

허만석 현감을 기념하여 지정된 도로명이 중봉리 다리 앞에 있다

의 경계 부근에 새로운 농지를 만드는 저치제 공사다. 농지를 만드는 과정 중에 부산물로 생긴 고수부지 같은 곳이 있었고, 그곳의 지명이 조치원이 되었다. 이런 지명은 조치원역이 생기면서 청주 일부와 연기 일부가 합쳐지면서 조치원 행정명이 된 것이다.

결과적으로 세종대왕이 직접적으로 조치원을 만든 것은 아니지만 당시의 애민 정신의 결과로 지금의 조치원 토대가 만들어졌고, 그 위에 지금의 조치원이 생긴 것이다. 조치원은 세종대왕이 애민정신으로 만든 신도시라고 하여도 그르지 않다.

## 국보(계유명 삼존천불비상－국보108호)를 빨래판으로 사용한 사람들

불비상은 돌을 비석처럼 다듬어 앞면이나 네 면에 부처를 조각하고 발원문을 새겨 놓은 불상을 말한다. 중국의 경우 북위시대부터 만들어지기 시작하여 수 · 당에 이르기까지 널리 활용되었으나 우리나라의 경우에는 세종시 일대에서 발견되는 것이 거의 독보적이다. 불비상에는 만든 시기와 연유가 기록되어 있어 불교 조각의 편년 기준이 될 뿐 아니라 당시의 시대적 배경을 알려주는 중요한 자료이다.

연기 불비상들이 발견되는 과정들이 재미있기도 하고 슬프기도 하다. 처음 발단은 지역 출신 이재욱 선생이 대학교 시절 방학 숙제로 비암사에 있는 불비상을 탁본하여 교수님에게 제출한 것에서 출발한다. 당시 황교수님은 이를 보고 특이하다 생각하여 탁본을 조사해 보니 삼국시대

조치원 사람들이 빨래판으로 사용했던 국보 108호 계유명 삼존천불비상

내용임을 알게 되었고, 지역에 내려와 여러 곳을 돌아다니며 불비상을 조사하였다 한다. 당시 서창리 고려대학교 근처 서광사라는 암자에 가보니 시대가 비슷한 불비상이 있어 발견 유래를 물어보니 조천 인근 빨래터에서 가져왔다고 했단다. 부처님이 빨래판으로 사용되고 있는 것을 보고 맘이 아파 서광사 책임자인 보살님이 아들을 시켜 이곳으로 모셨다는 것이다. 이 국보가 빨래판으로 쓰인 장소는 추정컨대 오금소라는 인근이 아닐까 한다. 원래 서면 쌍류리 인근에 본 절이 있었고, 이유는 잘 모르지만 폐쇄되는 과정에서 일부는 비암사로 가고 일부는 흩어지게 되었는데 조치원 인근 사찰에도 있다가 수리하는 과정에 국보 108호 계유명 삼존천불비상은 건물 폐기물과 함께 하천에 버려진 것으로 생각된다. 국보를 국보로 볼 수 없었던 우리 선조들의 슬픈 단면이다.

# 계룡산 정기는 용수천을 타고 세종으로 흐른다

며칠 전 동학사로 들어가다가 생각지 못한 입간판 하나를 보게 되었다.

'용수천'이라 쓰여 있었다.

'우리 세종시에도 이런 하천이 있는데….'

'같은 하천일까 다른 하천일까?' 라는 생각이 순간 머리를 스쳤다.

세종보 건너편에 숲뜰 근린공원과 당진-대전 간 고속도로 사이에 금강으로 합류하는 하천 이름도 용수천이다. 감성리 학마을을 건너 흐르면서 대평리라고 불리는 용포리와 성덕리를 가르는 하천이다.

## 왜 같은 용수천이 지자체에 따라 달리 설명되었을까

호기심에 자료를 찾아보았다. 『디지털세종시문화대전』에는 용수천을 '세종시 금남면 성강리에서 발원하여 금강으로 합류하는 하천'이라고 정의하고 있었다. 이 자료에 의하면 용수천은 이름만 같은 다른 하천으로 생각을 할 수 있었다. 국교리 고인돌 안내판에도 그 앞에 흐르는 하천

동학사 입구에 있는 용수천 안내판

이 '갑천'으로 기재되어 있어 다른 하천으로 생각 들게 하였다.

『디지털공주문화대전』을 찾아보니 용수천을 '세종시 금남면 성강리'가 아닌 '공주시 반포면 학봉리(계룡산 북쪽사면 일대)에서 발원하여 세종시 금남면에서 금강으로 흘러드는 하천'으로 정의하고 있었다. 혼란스러웠다. 왜 행정구역에 따라 이리 다르게 표시를 해 놓는 것인가? 지역에 오래 산 사람도 헛갈리는데 새로 이사 온 사람들은 이런 자료들만 봐서는 이해하기 힘들지 않을까? 이 자료를 보면서 분명하게 알 수 있었던 것은 동학사 입구의 용수천과 세종시에 있는 하천은 같은 하천이라는 낯선 이해였다. 행정구역도 다르고 거리도 좀 있는데 계룡산 동학사 앞 은선폭포에서 흐르는 물이 세종시까지 흐른다고 생각을 하니 미묘한 기분도 들었다.

더욱이 『한국지명유래집 충청편』에서는 용수천을 세종시 금남면, 공주시 반포면뿐만 아니라 대전시 유성구 일대를 흐르는 하천으로 정의하고 있어 그 기분은 증폭되었다. 소위 관암지맥이라고 불리는 능선을 기준으로 대전의 반석역 일대의 낮은 구릉이 물줄기를 용수천과 갑천으로 가르고, 일부가 안산천이 되어 세종시 금남면 용담리에서 용수천과 만나게 되는 것이다. 결국에 용수천은 공주의 계룡산에서 발원하여 대전의 안산천과 만나 흐르다 세종의 금남면 감성리에서 금천천과 합류하여 금강으로 흐르는 하천인 셈이다. 그 길이가 20.90km이고 유역 면적이 95.29㎢이 된다. 구릉성 산지들이 연속적으로 발달해 있어 대규모 충적 평야가 형성되지 않았지만 골골에 나름의 마을들이 형성되어 있는 곳이다.

▼ 도암교에서 바라본 용수천의 모습

## 용수천은 계룡산에서 발원하고 있다

세종시가 용수천을 통해 계룡산과 연결되고 있다는 것이 좋다. 계룡산은 새로운 세상을 바라는 열망의 근거이기 때문이다. 정감록에 의하면 정도령이 출현하는 곳이고 새로운 민족 종교의 발원지로 알려진 곳이기도 하다. 이는 세종시가 새로운 행정수도와의 심리적 연결성을 가지게 한다. 세종시는 국가 균형발전의 상징적 의미가 있는 곳이다. 이를 기울어진 운동장을 바로 세우자는 사회적 변혁의 발로라고 본다면 계룡산은 그에 대한 풍수적인 상징성을 더해 줄 수 있기 때문이다.

용수천은 남에서 북으로 흐른다. 고려 왕건이 차령 이남의 사람들을 거용하지 말라는 훈요십조의 풍수적 근거가 금강이 북으로 흐르는 모습과 계룡산이 화살촉을 당긴 활시위 같은 모습 때문이라는 속설이 있다. 이는 개성이나 서울을 중심으로 한 기득권 세력들이 볼 때 반역의 기운으로 해석될 수 있지만 새로운 세상을 꿈꾸는 사람들에게는 변혁의 기운으로 해석될 수 있다. 이 변혁의 기운이 용수천을 통해 세종시까지 흘러들어온다고 하니 우쭐한 기분이 들기도 한다.

## 동학사는 새로운 세상의 씨앗을 품고 있다

어쩌면 동학사는 계룡산이 가진 변혁 기운의 역사적 모티브가 되는 곳이다. 동학사에는 특이하게 현실에서 꿈을 이루지 못한 이들을 모신 사당이 있다. 신라의 시조와 박제상의 충혼을 모신 동계사, 고려말의 충신인 삼은(포은 정몽주, 목은 이색, 야은 길재)을 모신 삼은각, 사육신과 단종 그리고 계유정란으로 돌아가신 이들을 모시는 숙모전이 있다.

이질적일 것 같은 사찰과 사당이 공존하는데 그 속을 들여다보면 공통점들이 있다. 나라는 사라졌지만 신라의 정신을 기억하고자 하는 동계사, 같은 성리학이지만 현실 정치에서 밀려난 이상적 유학자들을 모신 삼은각, 집권 지배층에서 적폐 세력으로 살아야 하는 불자들이 모여 이상은 있으되 현실에서 밀려난 이들의 삶과 혼이 있는 곳이다. 이곳은 자연스럽게 이상적인 세상에 대한 씨앗을 잉태한 장소가 되는 것이다. 올바른 세상을 꿈꾸고 있지만 현실에서는 권력의 주변부에 있는 사람들이 이곳에 오면 자연스레 그 감추어진 열망들을 차곡 차곡 쟁여두었을 것이고, 쌓인 신념들이 정도령이나 후천개벽, 대동세상이라는 말로 자라났을 것이다.

## 계룡산 상신 계곡에는 소설 『단(丹)』의 실제 주인공이 잠들어 있다

더욱이 삼불봉과 장군봉을 넘어 상신 계곡 주변 마을에는 한민족 고유 수련 방법을 소재로 한 소설 『단(丹)』의 실제 주인공인 봉우 권태훈 옹의 흔적과 무덤이 있다. 소설 『단(丹)』은 봉우 권태훈 옹의 구술을 김정빈 작가가 지어 40만부 이상이 팔린 초 베스트셀러였으며, 이후 '단(丹)열풍'이라는 사회 현상을 일으킨 책이다.

이 책은 나라는 망해도 정신은 존재한다는 구호 아래 독립운동을 하던 항일 독립운동가들의 한민족 고유 수련 방법을 전승받아 대중적으로 보급하는 단초를 마련했으며, 일제 강점 시대는 벗어났지만 민족 분단의 고착화, 경제의 고속 성장에 따른 부의 편중, 정신의 황폐화가 사회를 지

계룡산 상신계곡 상류인 상신리에 있는 소설 『단』의 실제 주인공인
봉우 권태훈 선생 무덤에서 본 마을 전경

배하고 있을 때 다시 한번 한 줄기 빛처럼 민족의 정체성을 찾아야 한다고 외치는 광야의 소리였다. 1990년대 이후 요하문명(홍산문명)의 발견으로 더 확실하게 밝혀졌지만 최치원 선생이 말한 현묘지도(玄妙之道)라는 한민족 고유의 정신과 수련 방법을 시대에 맞게 제시한 분의 흔적과 무덤이 용수천 인근에 있다는 것은 과연 우연이었을까?

용수천 인근에는 이상하리만큼 민족정신 함양을 위한 문화들이 많은데, 감성리 학마을에서 합류하는 금천천 상류에는 '금강대도'라는 민족 종교 총본산이 있다. 18세부터 구도와 수련에 정진한 창시자 이승여(1874년 생)는 1906년에 도를 깨우쳐 1910년 계룡산 신도안 백암동으로 내려와 포교를 시작하여 1923년 지금의 세종시 금남면 금천리로 총본부를 이전하였다고 한다.

한국민족문화대백과에서는 금강대도의 교리를 '천 · 지 · 인 삼합의

용수천의 지류인 금천천의 끝자락에 있는 금강대도 정문

원리에 순응하며, 인간의 도덕을 수립함에 있어 유·불·선 삼도를 만법귀일(萬法歸一)의 원리로 통합, 실천하여 심(心)·성(性)·신(身) 삼합의 경지를 이룬다는 것이다. 그래서 개인적으로는 내단(內丹)·외단(外丹)이 합일된 진단(眞丹)을 이루어 차생군자(此生君子)와 내생선불(來生仙佛)의 극락을 향유하게 하고, 인류사회에서는 도덕 문명이 개화되는 대동세계(大同世界)를 건설하는 것'이라고 밝히고 있다.

## 성덕교 위령비는 새로운 세상의 방향을 말해준다

새로운 세상의 열망을 품고 흐르는 용수천이 하류 지점에 오면 그 방향이 어떠해야 하는지 참으로 슬픈 사연을 담은 위령비 하나가 세워져 있다.

43년 전인 1978년 7월 19일 이곳을 배로 건너다 전복되어 세상을 등진 15명의 어린 학생들을 기리는 위령비이다. 이곳은 평소에는 냇물 폭이 30m 정도로 기존에 놓여진 다리를 통해 건널 수 있었으나 강물이 불어났음에도 불구하고 이틀이나 결석을 할 수 없다 하여 배로 건너다가 참사를 당한 곳이란다. 성덕교 위령비는 우리에게 새로운 세상에서는 이런 꽃다운 학생들이 억울하게 죽는 일 없게 세심한 배려까지 준비해야 한다고 외치고 있는 것만 같다.

용수천 희생학생 위령비 전면, 후면 및 위령시비 모습

# '백지계획'만 되었다면 청계천 역할을 할 수 있었던 대교천

세종시 한솔동 첫마을에서 공주로 가는 강변도로를 가다보면 수질복원센터 옆에 금강 본류와 만나는 하천이 있는데, 바로 대교천이다. 세종시의 예정지역과 주변지역을 나누는 경계선이며, 1970년대 박정희 정권의 백지계획이 실행되었다면 서울의 청계천과 같은 역할을 할 뻔한 하천이다.

대교천은 전의면 금사리와 공주면 덕학리 경계가 되는 국사봉(349.2m) 뒤쪽에서 발원하여 중흥 저수지에 머물다 평기 앞뜰을 가로질러 구절초로 유명한 영평사 앞으로 흐르다 금강 본류에 도달한다. 유로길이가 21.64km이고 유역 면적이 65.75㎢이다.

## 대교천 일대는 탁월한 지형뿐만 아니라 지명에도 사연이 있다

백지계획 당시 입지 선정팀이 이 일대를 보면서 서울과 비슷한 지형이라 최종 선정했다고 하는데 천태산(해발 392m)을 주산으로 하여 백호격인 갈매봉과 청룡격인 국사봉, 전월산 그리고 남산격인 장군봉이 있으며 그 안에 대교리, 평기리 등의 너른 뜰을 이루는 대교천이 흐르고 있기 때문이었다 한다.

이런 훌륭한 지형적 입지뿐만 아니라 대교천은 지명의 어원에서도 깊은 사연을 가지고 있다. 대교천은 여러 마을을 대표하는 대교리에서 가져왔다. 대교리는 세종대왕의 충신이며 문종으로부터 고명대신을 부탁받은 김종서의 죽음과 연관이 있다. 계유정란으로 수양대군 일파에게 죽임을 당했을 때 타고 다니던 말이 시신의 다리 하나를 고향인 이곳까지 싣고 왔다고 하는데 다리 '하나'라는 의미가 우리말 '크다'는 '한'으로 변했고, 그것은 다시 한자의 '대(大)'로 변한 것이며, 또한 사람의 '다리'가 한자 '교(橋)'로 의역되어 생긴 지명이다, 결국 대교리는 김종서의 '다리 하나'에서 유래한 지명이라 할 수 있다.

▼ 대교천 하류에 남아 있는 추억의 다리가 된 송암교 전경

장군면과 대교천의 유래가 되는 김종서 묘

김종서는 하천명과 마을 이름뿐 아니라 지역명과 신도심 도로명에도 영향을 미쳤다. '장군면'이란 지역명은 문신으로 출사했지만 북방 육진을 개척하여 무신으로 후세에 각인된 연유로 생긴 것이고, 범지기마을 5단지 앞에서 홈플러스를 지나 햇무리교로 가는 '절재로'라는 도로명은 그의 호(號)를 따서 지은 것이다.

장군면의 대표적인 인물이라 그런지 그의 무덤 뒤의 산림 생태는 아주 훌륭하다. 세종시에서는 보기 드물게 산림 생태 1등급을 자랑한다. 그의 무덤 뒷산인 무학봉에서 수산리로 넘어가는 산마루에는 산림 생태 1등급의 지표종인 서어나무가 자리를 잡고, 수산리 방향의 긴 장골 계곡의 습기는 다양한 산림 식생을 자아내고 있다. 깊은 숲이 자아내는 신비한 장엄함을 산마루를 지나는 사람들에게 온전히 느끼게 하는 곳이다.

### 대교천은 인근 수촌리 고분군과 함께 볼 때 가치가 더 높아진다

대교천이 중앙으로 흐르는 장군면 일대의 지정학적 가치는 인근의 수촌리 고분군과 연동해서 볼 때 더 깊게 느낄 수 있을 것이다. 장군면에서 고개 너머 있는 수촌리 고분군은 왕들의 무덤에서나 나올 법한 금동 신발의 출토로 유명해진 곳인데, 고분군의 조사 결과 시기가 한 시대에만 국한된 것이 아니라 청동기 이전 것부터 유물이 출토되는 무덤군이다. 이는 정안천 일대가 오래전부터 나름대로 사회 체제를 성립했으며, 시간의 흐름에 따라 중앙 정치와는 상호 연대를 하면서 독자성을 유지했음을 말해주는 것이라 할 수 있다. 이런 전제 속에 장군면까지 포함시키면 그 세력권은 더욱 확대됨을 알 수 있다. 비록 장군면 대교천 일대에는 이런 유물 유적이 아직 발견되지 않았지만 자연지리적인 입장에서 볼 때는 같은 문화권으로 추론해 볼 수 있다는 것이다. 상호 연대를 하기는 하지만 그 나름대로 독자적인 사회 운영 시스템을 가진 곳이라 할 수 있는 것이다.

수촌리 고분군과는 시기가 좀 다르지만 대교천 상류 지역인 장군면 태산리에는 조선시대 지방 호족(?)의 흔적이 잘 남아 있는 곳이 있다. 전주이씨 집성촌과 덕천대군 사우이다. 농경사회의 기본은 토지로, 소유지를 중심으로 마을 공동체가 형성되는데 방축리(지금의 도담동)와 장군면 일대는 조선 2대 왕인 정종의 아들인 덕천대군에게 부여된 토지였던 것 같다. 임진왜란 이후 그의 후손들이 이곳에 내려와 집성촌을 이루며 살고 있다고 전해지는데 창업주라고 할 수 있는 덕천대군 사우와 무덤이

덕천대군의 뜻을 기리는 덕천군 사우

잘 보전되어 있다. 조선시대의 전통적인 양반 가옥과 사당, 우물과 무덤 양식을 잘 보여주어 지역으로서는 큰 문화 유산을 얻은 셈이다.

## 사람이 만든 자연이라는 영평사의 구절초 축제

대교천이 흘러 금강과 만나는 장군봉 자락에는 구절초 축제로 유명한 영평사가 있어 가을날을 풍성하게 해주고, 세종 시민들에게는 편안한 휴식을 제공해 준다. 구절초 축제는 자연을 사랑하고 사람을 배려하는 맘에서 이루어진 행사라 많은 애착을 갖게 한다. 일반적으로 주변에서 자연을 파괴하고 서식처를 훼손하는 것만 많이 보다가 이곳에 오면 자연을 만드는 것 같아 고마움과 존경이 우러나온다. 경내의 고적한 경관과 어울리는 주변의 구절초 화단은 절로 마음을 정화시킨다. 영평사의 구절초

대교천 하류 장군봉 자락에 있는 영평사 입구

축제가 가지는 자연에 대한 애정이 세종시를 넘어 이 한반도에도 널리 퍼지길 바랄 뿐이다.

## 옛 추억이 고스란히 남아 있는 다리에 서 보다

대교천의 끝자락인 금강과 만나는 바로 직전에는 세종시 개발 이전의 작은 다리가 하나 남아 있다. 이 다리에 서면 대교천이 오랜 세월 지켜온 소담스런 풍광들이 고스란히 남아 있어 좋은 한편, 4대강 사업으로 역행 침심되어 아팠던 기억도 고스란히 남아 있는 곳이다. 가을철 높은 억새들이 흔들거리는 오솔길을 따라 들어서면 엉킨 찔레나무들이 세월도 무심하게 반겨 주고, 무너져 그대로 있는 교량 잔해가 쓸쓸함을 더해 주는 곳이다. 조금 낯선듯 한 포플러 나무가 제방에 서 있고, 새 발자국이

대교천 옆에 서 있는 한국중부발전(주) 세종본부의 모습

남아 있는 모래톱 옆으로 물길이 그저 조용히 흐르고만 있는 곳이다. 세상이 어찌 변하여도 무관하다는 듯 달관의 모습으로 묵묵히 금강을 향해 가고 있다. 옆으로는 한국중부발전(주) 세종본부와 더불어 환경 저감 시설들이 있다.

대교천 하류 송암교에서 본 대교천

# 고복 자연공원의 숨은 역사를 찾아나서는 나들이

물가에 가면 사람은 왠지 편안함을 느끼나보다. 고복 저수지는 1989년 6월에 농업용수 공급을 위해서 만들어진 저수지였는데 물이 주는 편안함 때문인지 길가에 벚나무를 심기 시작하고, 연기대첩비와 조각 공원을 조성하고, 아이들이 놀 수 있는 수영장을 만들더니 급기야 1991년 세종시 최초의 자연공원으로 지정되었다. 더욱이 2008년부터는 자연 친화적인 시민 휴식 및 여가 공간 제공을 위한 생태공원 조성 사업까지 추진되었다.

## 사람의 정성과 배려로 만들어진 고복자연공원

봄이 되면 고복 저수지 가는 길에 심어놓은 벚나무는 눈부시게 하얀 꽃길을 만들고, 여름이면 긴 숲길 터널 끝으로 만들어놓은 여름 풀장에서 아이들의 웃음소리가 끊이질 않게 하고, 가을이면 나뭇잎 떨어지는 데크길을 걸어가는 사람들에게 잊지 못할 추억을 떠오르게 하고, 겨울이

봄에는 벚꽃을, 여름에는 숲 터널을 만드는 고복자연공원

면 쨍쨍 얼음 깨지는 소리 틈 사이로 눈 덮인 호반의 세상을 볼 수 있게 한다.

인근의 배꽃 사이에 있던 참나무 향 돼지 갈비집과 물가 허름한 슈퍼 부속 식당으로 시작한 메기매운탕 집은 전국에서 찾아오는 명소가 되었고, 저수지 남사면에 숨어있던 식당을 개조해 만든 커피숍은 일대를 커

고복자연공원 만수 때의 저습지 모습

피숍 거리로 바꾸어 놓았다.

고복자연공원은 다른 자연공원의 설립과는 좀 다른 과정을 가지고 있다. 다른 자연공원은 기존의 자연 풍광이나 보존될 생물자원이 있어 주로 보호를 목적으로 설립되었다면 고복자연공원은 지자체와 인근의 주민들이 목적 의식적으로 공들여 가꾸어 만들었다는 것이 인정되어 자연공원으로 승격되었다. 다른 자연공원의 주체가 자연이라면 고복자연공원은 주체가 자연과 인간이다.

## 민락정과 한준수 연기군수의 양심선언

농업용 저수지에서 출발한 고복자연공원은 이제 누가 뭐래도 세종 시민의 휴식과 여가 공간을 제공하는 힐링의 메카가 되었다. 이런 자랑스런 세종의 제1호 자연공원에 지금까지도 잘 알려지지 않은 숨은 역사가 있다.

먼저 저수지 북쪽 중간 정도에 있는 민락정에 얽힌 사연이다. 민락정에는 지방자치 실현의 도화선이 되었던 1992년 관권선거를 폭로한 한준수 전 연기군수의 흔적이 있다. 한준수 군수는 1992년 14대 총선 당시 지역에 청와대 총무수석을 지낸 인사가 출마하게 되었는데, 내무부장관과 도지사가 직접 나서서 군수 이하 이장까지의 행정 조직을 총동원하여 관권 선거를 감행했다고 양심선언을 한 사람이다. 양심선언을 하면서 관권선거의 증거가 되는 유권자 성향 분석 명부, 금품매수 실태, 도지사가 선거자금으로 준 수표 사본까지 제시하여서 다시 한번 한국 사회에 관권선거에 대한 경종을 울렸다. 이 사건이 도화선이 되어 관건선거를 근본적으로 없애기 위해서는 지방자치 단체장 선거까지 이루어져야 한다는 여론과 민심이 거세어져 당시의 노태우 정권도 하는 수 없이 동의해야 하는 상황이 되었고, 마침내 1995년 6월에 제1회 전국동시 지방선거가 치뤄지게 된 것이다.

민락정은 한준수 연기군수가 재직 시 향약을 지역에 뿌리내리게 했으면 좋겠다는 의지를 가지고 설립한 곳이다. 이 민락정 입구에 유래비가 있는데 그 하단에 그의 이름이 있다. 유래비를 보면 그의 이름을 훼손한

고복자연공원 내 민락정 전경과 연기 향약 유래비,
좌측 하단에 한준수란 이름이 훼손된 모습이 보인다

흔적이 있는데 이는 당시 군민들의 찬반 여론이 반영된 것으로 볼 수 있다. 한국의 민주주의를 위해서는 당연히 큰 성과이지만 정작 당사자인 군민들은 선의의 피해자들도 있었기에 이런 흔적이 남아 있는 것이다.

민락정에 오르면 고복자연공원의 경치를 보는 것도 일품이지만 한국 민주주의의 새 국면을 만들었던 한준수 군수의 관권선거에 대한 양심 선언도 한번 곱씹어보는 것이 좋을 것이다.

## 고복자연공원에는 한민족 시원문화를 밝힌 『태백일사』의 저자가 잠들어 있다

고복자연공원의 저수지 하단 제방에서 북쪽 도로를 따라 긴 벚나무

숲길을 가다가 보면 고복노인전문병원과 백련화 메기탕 식당이 나온다. 이곳을 지나 내리막길 옆으로 고복저택이라는 카페가 나오는데 그 뒷산이 고성이씨 선산이다. 선산 입구에는 이 길을 지날 때마다 마주치는 신도비가 서 있다. 몰랐을 때에는 누군가의 비석이라고만 생각했는데, 알고보니 이 신도비가 1990년대 상고사가 열풍을 몰고 온 환단고기의 중추적인 부분을 차지하는 『태백일사』의 저자인 이맥(李陌 1455-1528) 선생과 관련이 있는 신도비로 그 뒤편에 그의 무덤이 있는 것이다. 세상은 아는 만큼 보인다고 했는데 수백 번도 더 본 이곳이 이맥 선생의 무덤이 있는 곳이라 하니 새삼스럽게 느껴졌다.

일제 강점기 시절 항일운동을 했던 대부분의 독립운동가들이 이맥 선생이 쓴 『태백일사』와 같은 역사 의식을 가지고 있었으며, 우리가 흔히 쓰는 '한겨레', '배달민족', '단군의 후손'이라는 말의 원출처이기도 한 책이다. 신채호 선생의 『조선상고사』는 이 책의 내용을 좀 더 검증하려고 시도한 것이며, 중국 내몽고 지역에서 출토된 홍산 문화는 이 책의 내용이 사실이었음을 밝혀주는 유적이다.

이맥 선생은 한민족 시원문화를 알고 싶은 사람들에게는 민족 정신의 선각자로 추앙받는 분이다. 이런 분이 이곳에 묻혀 있다는 사실이 알려지면 많은 사람들에게는 성지와 같은 가치를 주는 장소가 될 수 있는 곳이다. 한민족 상고사에 관심있는 사람들은 이곳을 보기 위해 일부러 찾아 올 수 있으며, 세종사람들에게는 한민족의 정신을 온전히 지니고 있다는 자긍심을 줄 수 있는 훌륭한 소재를 제공할 수 있는 곳이다.

아직 안내판조차 없는 것이 아쉬울 따름이다. 막상 무덤에 올라가도

고복자연공원 내 고성이씨 선산 전경과 이맥선생 묘(우측 상단)과 신도비(우측 하단)

묘비석에 이름이 없다. 이괄의 난 때문에 묘비석에는 그저 직책만이 있을 뿐이다. 후손들은 이름을 밝히기 어려웠다고 한다. 역사와 문화는 아는 만큼 보인다고 하는데 이맥 선생의 묘가 고복자연공원에 있고, 안내판까지 설치된다면 아마도 고복자연공원은 자연의 풍광뿐 아니라 훌륭한 역사적 가치를 품고 있는 명품 자연공원으로 한층 더 상향될 것이다.

## 고복자연공원에는 신목(神木)이란 특별한 나무가 있다

한국민족문화대백과에서는 신목(神木)을 신령이 나무를 통로로 하여 강림하거나 그곳에 머물러 있다고 믿어지는 나무라고 정의하고 있는데, 마을 공동체가 정월초하루나 대보름 제례를 할 때 하늘과 땅을 연결하는 우주목(宇宙木) 역할을 하는 나무라고 정의하고 있다. 고복자연공원이 있는 용암리에도 이런 신목(神木)이 오랜 세월 자리를 잡고 있다.

고복자연공원 용암리 민속문화인 강다리기 때 제문을 올리는 신목

고복자연공원 안에 있는 마을 용암리는 세종시 무형문화재 2호로 지정된 용암강다리기를 보존하고 있는 마을이다. 강다리기는 풍년과 평안을 기원하고자 매년 정월대보름에 시행되는 집단 민속놀이인데 일종의 마을집단 줄다리기이다. 용암 강다리기 시현 중에는 신목에 제를 올리는 순서가 있는데 이를 위해 마을에서는 신목을 잘 보전해 오고 있는 것이다. 이 신목의 위치는 고복자연공원 남측 끝자락 용암리 마을회관 안쪽에 있다. 이 신목은 고복자연공원을 자연적인 경관만이 아니라 오랜 세

월 마을을 이루고 살았던 사람들의 민속문화를 담고 있는 나무이기에 이곳을 찾는 사람들이 한번 들렀으면 좋겠다고 생각한다.

## 고복자연공원이 잘 보전되기 위해서는 주변에 작은 생태공간이 많이 필요하다

농업용 저수지에서 자연공원으로 변화된 고복자연공원은 우리 세종시민들에게 있어서는 귀중한 생태자원이 아닐 수 없다. 더욱이 마을의 민속문화도 있고, 민족적 의미가 있는 자원도 있기에 그 가치는 더욱 커지고 있다. 이 귀중한 생태와 문화적 가치가 있는 자연공원을 지키기 위해서는 지속적이고 체계적인 관심과 배려가 요구된다. 그중에서도 산림과 수변을 이어주는 전이 생태공간의 보전과 관리는 아주 중요하다. 인근에 논, 작은 둠벙, 저습지대가 다양하게 존재할 때 고복자연공원은 더 생태적인 생명력을 유지 보전할 수 있을 것이다. 단지 이용시설의 관점에서보다 상생의 관점으로 이런 부수적인 요소까지 관심을 가져야 할 것이다.

# 3부 세종시 자연 친구들

# 세종시의 시목(市木), 소나무

얼마 전 '자연환경으로 바라 본 세종의 역사문화'란 주제로 강의한 적이 있다. 강의 도중 "세종시의 상징나무, 일명 시목(市木)이 무엇인지 아세요?"라고 물어 보았다. 그런데 사람들의 반응이 의외였다. 시목(市木)을 아느냐 모르느냐 라는 문제보다 그런 것이 있었냐는 표정이었다. 시목이 무엇인지 생각조차 해보지 않은 얼굴들이었다. 그날 강의에 온 대부분 사람들이 최근 세종시로 전입 온 사람들이기에 이런 것까지 관심을 갖기에는 다소 무리가 있었을까? 이상하게도 그날 참석자들의 표정이 계속 잔상으로 남아 나의 머리에 어슬렁거렸다. 이런 이유 때문인지 요사이 이런 자문을 하곤 한다. '일반적으로 사람들은 상징을 통해 세상을 이해한다고 하는데 세종시 상징나무(시목)는 과연 우리에게 어떤 의미와 가치가 있는 것인가?' 라고….

## 시목(市木)의 의미와 가치

우실하 교수가 쓴 『전통문화의 구성원리』란 책을 보면 과거 동양사회

세종시청 정원에 세종시 상징나무인 소나무가 잘 조성되어 있다

에서 새로운 왕조(천자)가 들어서면 가장 먼저 했던 일이 새로운 음(율려)을 만드는 작업이었다고 한다. 법령과 제도의 정비보다 이 일을 먼저 했다는 것이다. 세상의 변화는 하늘과 땅의 기운이 바뀌어야 가능하고, 새로운 왕조는 변화된 하늘과 땅의 기운에 부합하여야 가능했다. 당시의 사람들은 하늘과 땅의 기운이 가장 집약된 것으로 곡식 기장을 꼽았다고 한다. 기장 한 알을 기본 단위로 하는 새로운 음을 제정하여 새로운 왕조

의 정통성을 세우고, 새로운 질서의 기준을 정립하려 우선적으로 선포했다는 것이다. 기장이 정말로 하늘과 땅의 기운을 가장 잘 집약한 것인지는 모르겠지만 새로이 제정한 음(율려)이 하늘과 땅으로부터 새로운 왕조가 통치를 위임받았다는 것과 새로운 질서의 기준을 선포하는데 상징 역할을 한 것은 분명하다. 이를 증명하는 소재로 기장이 사용된 것도 확실하다.

곡식 기장이 새로운 왕조의 통치 정통성과 새 질서의 상징으로 쓰였듯이 종종 나무들도 우리 주변에서 여러 가지 상징으로 활용되었다. 종교사나 역사문화적인 측면에서 생명의 근원, 우주의 창조성, 우주의 중심이 되는 우주목(宇宙木)으로 상징화되거나 신성한 신적 존재를 나타내는 신목(神木)으로 활용되기도 했다.

단군신화에 보면 신단수라는 나무가 나온다. 환웅이 신단수 아래로 내려와 인간을 다스렸고, 웅녀는 신단수 아래서 기도하여 사람이 되고, 환웅과 혼인하여 단군을 낳았다라고 한다. 신단수는 신의 세계와 인간의 세계를 연결하는 축이자 생명력이 흐르는 통로로 상징화된 것이다.

마을 공동체가 모여 마을굿을 할 때 정령이 깃들었다는 당산나무 아

금강청 금강천리 트래킹 중 성당포구 당산나무 아래에서 해설을 듣고 있는 참가자들

래서 거행했다고 하는데, 이때의 당산나무는 단순한 그 이상의 무언가를 상징하는 것으로 봐야 할 것이다. 당산나무는 하늘과 땅을 연결하는 신령스런 성물이면서 마을 사람들을 하나로 묶어내는 중심 역할을 수행했다.

이런 잠재적 문화유산 때문에 많은 지자체들이 각각의 상징나무를 선정한 것이 아닐까 하는 추측을 해 본다. 동네별로 당산나무를 가지고 있던 전통이 무의식적으로 전승된 것이 지금의 상징나무(시목)가 아닐까 한다. 이런 의미에서 지자체별 상징나무(시목)는 각 지역 공동체의 정신적인 중심 역할을 했으면 하는 염원에서 제정된 것으로 볼 수 있다.

세종시의 상징나무(시목)는 소나무이다. 세종시 홈페이지에 있는 세종의 상징물 나무 편에는 소나무로 선정된 이유를 '자태가 웅장하면서 수려하여 예로부터 우리 민족의 굳은 기상을 나타내며 세계적인 명품 행복도시로 발전하는 세종특별자치시의 바르고 푸른 기상을 상징하며, 우리나라 전국의 산야에서 흔히 볼 수 있는 대표적인 상록수이기 때문'이라고 쓰여 있다.

## 전월산 상려암 옆 소나무와 금강변 독락정 나성의 소나무

세종시 홈페이지의 설명을 읽고 있자니 뇌리에 전월산 정상 상려암 옆에 서 있는 소나무와 금강변 독락정 뒤 나성(羅城) 위에 조성된 소나무들이 떠올랐다.

전월산 상려암 소나무는 전월산 정상의 바위틈 사이를 뚫고 홀로 바람을 벗 삼아 푸른 하늘을 향해 서 있다. 한쪽으로 너른 장남들판과 호수공원 그리고 행복도시를 굽어보고 있으며, 또 다른 한쪽으로는 굽이쳐 흐르는 금강과 미호천이 합수하는 장관을 바라보고 있다. 더욱이 고려의 충신 임난수 장군이 역성혁명으로 조선이 개국되자 시대에 영합하지 않고 올곧은 절개를 지키고자 모셨던 왕을 기억하며 절을 하였다는 상려암 옆에 있으니 그 의미가 남다르다 하겠다. 소나무가 우리 민족의 굳고 푸른 기상을 나타내는 상징 소재로 쓰였다면 전월산 상려암 소나무는 더더욱 그런 이미지를 담고 있는 것 같다.

금강변 독락정 뒤 나성 위 소나무들은 비록 조성된 것이기는 하지만 그 자태가 수려하여 사람의 정성이 빚어낸 기품을 느낄 수 있어 그 맛이 새롭게 다가온다. 자연이 사람을 낳았지만 사람이 자연을 가꿀 수 있다

세종시의 상징나무(시목)는 소나무이다.
세종시 홈페이지에 있는 세종의 상징물 나무 편에는
소나무로 선정된 이유를 '자태가 웅장하면서 수려하여
예로부터 우리 민족의 굳은 기상을 나타내며
세계적인 명품 행복도시로 발전하는
세종특별자치시의 바르고 푸른 기상을 상징하며,
우리나라 전국의 산야에서 흔히 볼 수 있는
대표적인 상록수이기 때문'이라고 쓰여 있다.

전월산 정상에 서있는 상려암 소나무

는 아름다운 상생의 조화를 볼 수 있는 곳이기도 하다. 소나무가 세종시의 상징목이라 하니 더 정겹게 느껴지는 풍광이다.

## 세종시 상징물은 지역을 사랑하고 의미를 찾게 한다

우리 세종시는 현재 나무, 새, 꽃에 대한 상징물을 지정하긴 하였지만 이를 공동체의 중심으로 활용하기까지는 아직 힘이 미치지는 못하고 있는 실정이다. 그리 중요하고 급한 문제가 아닐 수도 있다. 하지만 지역을 사랑하고, 지역에 사는 의미를 찾는다는 관점에서 조금만 더 관심을 가졌으면 한다.

이번 기회를 기점으로 좀 더 세종시의 위상과 어울리는 구체적인 상징나무를 더 찾아 봐야겠다는 생각을 해본다. 더 나아가 소나무에 대한 생태학적인 관찰과 효과적인 홍보 방법도 모색해 봐야겠다.

# 세종시 상징나무, 소나무를 해설하라

소나무 하면 언뜻 떠오르는 것들이 있다. 속리산의 정이품 소나무, 애국가의 남산 위에 소나무, 그리고 민중가요인 '솔아 솔아 푸르른 솔아' 속의 소나무 등이다. 이러한 소나무들을 떠올리면 시류에 영합하지 않은 올곧은 선비 모습이 연상된다. 올바른 삶을 살아가라는 좌표 같은 생각이 든다. 산지가 70%인 우리 민족의 지형 조건과 삶의 조건이 만들어 낸 일반적인 정서일 것이다. 그래서인지 이름에도 '으뜸' '제일'이라는 뜻이 있다. 하늘을 나는 새들의 제일 으뜸인 '수리'와 같은 어원이다. 한국 사람들은 소나무를 나무 중에 가장 으뜸인 나무로 이름 짓고, 이 소나무를 좋아한다. 이런 소나무를 세종시는 시목(市木)으로 지정한 것이다.

## 조선 소나무와 리기다 소나무를 구별하라

우리 머릿속에 좋은 이미지화 된 소나무는 우리나라 재래송인 일명 조선 솔(육송)을 말한다. 우리와 같이 살아온 그 소나무이다. 하지만 현재 우리 주변의 산림을 차지하고 있는 것은 대부분 리기다 소나무이다.

공주 곰나루 솔밭 전경. 어울림의 숲을 이루기보다 주변 경쟁자를 인정하지 않은 생태특성을 잘 보여주고 있다

조선 소나무의 수형은 굽었다

리기다소나무의 수형은 곧고 줄기에 맹아들이 있다

일제가 등이 굽은 조선 소나무는 목재로서의 가치가 떨어진다고 하여 들여온 수종이다. 원산지가 북아메리카이고, 병충해에도 강하다. 일직선의 수형을 가지면서 줄기에 맹아들이 나와 있는 것이 특징이다. 조선 소

나무의 잎이 두 개라면 리기다 소나무의 잎은 세 개로 되어 있다. 광고와 실제 제품이 다른 것처럼 현재 산림을 이루고 있는 소나무도 우리 이미지와는 다른 것이 현실이다.

## 소나무의 자기 생존 본능은 여러 가지를 생각하게 한다

숲이 변화되어 가는 천이과정에서 소나무를 보면 또 다른 일면을 볼 수 있다. 소나무 하면 우리들은 험준한 산 위에 홀로 모진 풍파를 맞으면서도 당당하게 서 있는 것을 생각한다. 하지만 홀로 당당하게 서 있다는 것을 달리 말하면 주변의 식생들과 더불어 어울리지 못한다는 것이 된다. 실제로 소나무는 사계절 햇빛을 받아야 하는 가늘고 길다란 바늘잎을 가진 양수림이다. 적은 햇빛으로도 살 수 있는 음수림인 활엽수들에 비해 햇빛 경쟁력이 낮을 수 밖에 없다. 낮은 경쟁력을 극복하기 위해서 소나무를 비롯한 침엽수들은 다른 경쟁자들이 자라지 못하도록 뿌리와 줄기에서 자기 방어 물질을 뿜어낸다. 이를 타감 작용이라고 한다. 피톤치드도 알고 보면 자기 생존을 위해서 내뿜는 자기 방어 물질인 타감 작용인 것이다. 소나무 숲을 보면 이상하게도 듬성듬성 잔목 몇 포기를 빼고는 다른 식생들을 찾아보기 어렵다. 심지어 애송마저도 보기가 힘들다. 나무의 뿌리나 떨어진 솔잎에서 나오는 갈로타닌(gallotannin)이라는 독성물질이 애송마저도 못 자라게 하는 것이다. 소나무가 홀로 험한 바위틈에 당당하게 서 있는 것은 올곧은 기상 때문만이 아니라 자기 생존 전략의 선택임을 알 수 있다.

## 소나무와 진달래는 천생연분이다

예외가 있다. 독야청청 홀로 살아가야 하는 소나무와 더불어 살 수 있는 것이 있다. 진달래이다. 진달래는 기본적으로 산성화 된 척박한 땅을 좋아하는 관목류이다. 소나무 아래 다른 초목들은 타감 작용 때문에 살기 힘든데 진달래는 도리어 더 좋은 서식지로 받아들인다. 진달래는 숲이 우거진 곳보다는 산성화 된 지형 내지 험한 산지 바위틈을 선택함으로 생존 경쟁력을 높일 수 있는 것이다. 소나무가 우점한 산에 오르면 더불어 진달래도 함께  볼 수 있는 것은 이런 점 때문이다.

요즘엔 산에 가도 진달래를 보기 쉽지 않다. 숲이 침엽수림에서 활엽수림으로 바뀌어 가고 있기 때문이다. 산성이었던 흙도 부토에 의해 알카리성 토양으로 바뀌니 소나무와 더불어 진달래도 살기 어려워지는 것

산지에 있는 소나무와 진달래의 모습

이다. 헐벗은 산들이 녹음으로 채워지고 있다는 말이다. 신갈나무와 소나무가 함께 있는 산이 되든지 아니면 이미 신갈나무가 우점하는 숲을 이룬 상태이다.

이런 숲이 조성되는 결정적 계기는 1970년 중반 난방 연료의 변화 때문이다. 난방 연료를 목재로 할 때는 마른 솔가지나 죽은 나무 밑둥치들이 좋은 땔감이었다. 난방연료가 연탄으로 바뀌고, 석유나 가스로 대체되면서 산에 있는 목재나 삭정이들은 더 이상 필요치 않게 된 것이다. 역설적으로 이런 난방연료의 변화가 현재의 숲을 만들게 했다. 이런 현상의 결과 한국은 세계적으로 산림녹화 복원에 경이적인 성공 모델로 회자되고 있는 것이다.

## 시목(市木)인 소나무가 세종시 공동체를 하나로 묶는 상징성을 가졌으면 한다

필자에게는 시목(市木)인 소나무가 세종시 공동체를 하나로 묶는 상징성을 가졌으면 한다. 따라서 시목(市木)의 유래를 우주목의 기능을 했던 당산목에서 찾고 싶었고, 그 의미를 풍부하게 하기 위하여 숲의 천이 과정에서도 바라보았으면 했다. 우리 민족의 일반적인 정서에 부합하는 선비정신, 올곧음, 절개 등의 이미지와 더불어 숲의 천이 과정에서의 소나무 위치도 알게 될 때 우리는 풍부한 세종시 시목인 소나무의 가치와 존재성을 바라볼 수 있을 것이다.

# 효심이 만든 자연, 봉산리 향나무

## 세종시 시목(市木)은 소나무, 전신인 연기군의 군목(郡木)은 향나무

소나무가 현재 세종시의 시목(市木)이라면 향나무는 세종시의 전신인 연기군의 군목(郡木)이었다. 향나무가 연기군의 군목이 될 수 있었던 것은 조치원 봉산리에 있는 향나무 때문이다. 봉산리 향나무는 오랜 세월에서 배어나오는 신묘한 자태를 가지고 있어 1984년 천연기념물 제321호로 지정되었다.

천연기념물이란 말은 국보와 같은 뜻 다른 지칭이다. 우리 민족의 문화유산을 국가차원에서 보전하고자 대상에 따라서 명칭을 달리한다. 춤·노래같이 무형일 경우는 무형문화재, 서적, 건축물 등 대상이 보이거나 결과물들이 현존할 때는 유형문화재로 분류한다. 유형문화재는 또 대상이 건축물이나 서적 같은 경우는 국보나 보물이라고 지칭하고, 자연물일 경우에는 천연기념물로 지칭한다. 봉산리 향나무가 천연기념물로 지정되었다는 것은 국가에서 인정하는 국보급 자연물이라는 말이다.

## 봉산리 향나무가 천연기념물로 지정된 이유

봉산리 향나무가 천연기념물로 지정된 이유는 450년 이상의 긴 세월 동안 살았다는 것과 경외를 자아내는 신비스런 수형(樹形) 때문이다. 성인이 두 팔로 감싸 안을 수 없을 정도의 기둥 줄기는 하늘을 오르는 용트림을 상상하게 하고, 옆가지들은 녹색 정원을 연상케 하는 둥글면서 넓게 펼쳐져 신비스런 자태를 보여 주고 있다. 일설에 의하면 1982년도에 천연기념물로 신청서를 냈을 때 담당자가 사진을 보고 하는 말이 "왜 분재를 천연기념물로 신청했냐?"고 하였다니 일반 상식을 뛰어 넘는 형태인 것은 분명한 것 같다.

▼ 천연기념물 제321호 봉산리 향나무

봉산리 향나무가 이런 자태를 가질 수 있는 것은 수종(樹種) 때문이다. 일반적으로 향나무라고 하면 높이 20m 정도 자라는 것만 알고 있는데 다른 모양의 향나무들도 있다. 땅과 맞대어 옆으로 자라는 것은 눈향나무라 하고, 봉산리 향나무처럼 줄기가 일정 정도 크면 가지가 옆으로 자라는 뚝향나무도 있다.

뚝향나무는 둑에서 자란다고 하여서 붙여진 이름이고, 우리나라 자생종이다. 봉산리 향나무가 특이한 자태를 자아내는 것은 나무 종이 뚝향나무이기 때문이다. 봉산리 향나무와 수형이 비슷한 것은 하회마을 인근 안동시 주하리 경류정 종택에도 있다. 천연기념물 제314호로 지정된 이곳의 정원수도 뚝향나무이다. 하여 봉산리 향나무의 정확한 명칭은 '봉산리 뚝향나무'라고 해야 한다.

## 향나무를 정원수로 심은 이유

봉산리 뚝향나무는 강화최씨 집안이 정원수로 심은 것이라 한다. 우리 선조들은 향나무를 정원수나 우물가에 식재하는 것을 선호했다. 향나무가 방향제, 탈취제 기능과 신성과 벽사(辟邪)의 상징을 가지고 있었기 때문이란다.

향나무는 나무 자체에서 향기가 난다. 또한 향나무 심재로 만든 향을 피우면 역한 냄새도 없어진다. 이런 향나무의 방향제 기능은 시신의 냄새를 없애는 재료로도 사용되었고, 나아가서 제사를 지낼 때 연기를 피워 인간의 정성이 하늘까지 닿을 수 있게 하는 번제용품으로도 사용되었다.

향나무의 기능이 방향제, 탈취제 그리고 인간의 정성을 나타내는 신성의 의미를 가지게 되니 사람들은 이것을 부정과 액담을 막을 수 있는 벽사(辟邪)의 의미까지 확대시켰다. 우리 조상들이 향나무를 정원수로 심었다는 것은 집안의 나쁜 기운을 몰아내고, 청정한 기운을 집안에 두고 싶다는 주술적인 바람을 내포하고 있는 것이다.

## 봉산리 뚝향나무는 일명 효자나무라 불린다

옛날 봉산리는 사대부 집안이 뿌리를 내렸으면 좋겠다고 희망하는 장소에 적합한 곳이었다. 위치적으로는 사대부들이 직접적인 관직은 아니지만 조정의 정보를 쉽게 들을 수 있고, 경제적인 토대를 가질 수 있는 내포지역의 언저리이다. 교통 편리성에서는 임금이 있는 서울과 연결되

▼ 봉산리 향나무 밑둥지 모습이다
원줄기와 곁줄기가 뒤엉켜 용트림 하는 것 같다

는 삼남대로의 바로 옆 지선 마을이다. 그리고 지형적으로는 전형적인 배산임수의 마을이다. 즉 뒤에는 오봉산이 있고, 옆으로 내창천이 돌아 들어 주변에 풍부한 농토를 갖추고 있는 곳이다.

이런 곳에 최완이란 분이 조선 중종 때 처음으로 터를 잡았다. 최완은 뚝향나무를 심은 최승용의 부친이다. 봉산리에 터를 잡았던 부친이 돌아가시자 효심 깊은 아들 최승용은 서울에서 내려와 부모의 은덕을 기리는 3년의 시묘살이를 했다. 이때 봉산리 뚝향나무를 정원수로 심은 것이다.

최회 효자문 내용이다. '효자성균생원최회지여' 이라 써 있다

봉산리 뚝향나무를 심은 최승용도 효자지만, 봉산리 강화최씨 집안의 효심 전통은 유명하다. 아들 최회도 효자로 인정받아 효자문(세종시 향토유적 3호)이 있는가 하면 8대에 걸쳐 15명의 효자와 열부를 배출하였다 하니 가히 집안의 효심을 짐작할 수 있을 것이다.

봉산리 뚝향나무가 지금처럼 잘 보전될 수 있었던 것은 강화최씨 집안의 가풍인 효심 때문이다. 조상의 은덕이나 부모를 향한 효심이 깊어 선조가 심어 놓은 정원수를 부모처럼 정성스레 돌보았기에 가능했던 것이다. 뚝향나무 특성상 스스로 이런 모양의 수형을 가질 수 없다. 줄기와 가지가 일정 정도 자라면 수평으로 가는 특성 때문에 사람의 손길이 가지 않으면 흉한 몰골이 된다. 효자 나무라는 말은 부모를 대하듯 정원수인 뚝향나무를 정성스럽게 보살폈다는 것을 의미한다. 그래서 봉산리 뚝향나무는 효자나무이면서 사람의 정성이 만든 또 하나의 자연도 되는 것이다.

## 세종시가 진정한 행복도시가 되려면

비록 세종시의 시목(市木)이 향나무에서 소나무로 바뀌었지만 봉산리 뚝향나무를 보전하고 돌보았던 강화최씨 문중의 전통은 계속 전승되었으면 좋겠다. 강화최씨 문중이 깊은 효심으로 정원수인 뚝향나무를 보살피고 정성을 다하여 수려한 자태를 보전하듯이 말이다. 세종시가 진정한 행복도시가 되려면 봉산리 강화최씨 문중이 조상을 모시듯 뚝향나무를 돌본 것처럼 자연을 정성스럽게 대할 때 진일보 할 것이다.

# 세종시의 새, 파랑새를 보셨나요

## 파랑새는 세종시의 상징

파랑새는 세종시를 상징하는 새이다. 파랑새는 행복의 아이콘이다. 행정수도로 기획 되었던 세종시는 위헌판결로 행정중심복합도시가 되었는데, 줄이면 '행복도시'가 된다. 명칭이 이렇다보니 자연스레 행복한 도시와 연관이 있는 것 같고, 행복의 상징인 파랑새가 날아 올 것만 같다. 세종시는 파랑새를 상징새로 선정하면서 '시민의 행복을 추구하며 이상적인 미래 도시로의 발전을 추진하는 굳은 염원과 맥락을 상징한다'고 했다.

파랑새는 요즘 행복의 대명사로 일반화 되어 있다. 이문세가 부른 노랫말을 봐도 그렇다. 밤무대 차력사, 무명가수, 사기꾼 등 소박한 등장인물들의 삶과 애환을 유쾌하게 그린 '파랑새는 있다' (1997년 방영)라는 드라마를 봐도 그렇다.

두산백과에 나와 있는 파랑새

## 행복의 아이콘이 된 사연

파랑새가 행복과 연관된 계기는 벨기에의 극작가 모리스 마테를링크가 1906년에 쓴 동화극 〈파랑새〉 때문이다. 1908년 콘스탄틴 스타니슬랍스키 연출의 〈파랑새〉가 모스크바 예술극장에서 공연에 성공을 거두자 1909년 파리의 파스켈(Frasquelle) 출판사를 통해 대본이 출간되었다. 후에 동화로 각색되면서 널리 알려지게 된 것이다.

파랑새가 우리에게 더 친숙하게 된 것은 구전가요인 '새야 새야 파랑새야' 때문일 것이다. 이 노래는 해방 후 방송국 KBS에서 최초로 편성된 어린이 프로그램 시그널 음악으로 사용되었다. 광복의 해방감을 직접 느낄 수 있는 의미 있는 가사와 가락이 반복되면서 민족적인 국민노래가 되었다. 노랫말 속의 파랑새는 행복을 뜻하지는 않지만 많이 듣고, 입으로 흥얼거리다 보니 우리들도 모르는 사이 편안한 생활 노래가 되었다. 이곳의 파랑새는 푸른 군복을 입은 일본군을 뜻한다고도 하고, 녹두장군 전봉준의 성을 八과 王으로 해석한 것이라는 설도 있지만 노래를 부를 때는 그냥 파랑새가 되는 것이다. 친숙하게 입에 붙은 '새야 새야 파랑새야'는 행복을 상징하는 동화 속의 내용과 결합되면서 확대 재생산 된 것이다.

## 동화 속의 파랑새는 생물학적인 파랑새와 같은 것인가

파랑새를 부끄럽게도 실제로는 본 적이 없다. 아니 보았어도 그것이 파랑새인지 알아보지 못했다는 것이 더 정확할 것이다. 실제로 파랑새를 본 사람들은 행복을 상징하는 새라고 좋아하는 사람들과 동화 속에 나오는 이미지와 다르다고 하는 사람들로 나뉜다. 동화 속의 파랑새와 실제의 파랑새가 다르다고 하는 사람들은 그 이유를 몇 가지로 말한다.

한국명으로 불리는 생물학적인 파랑새는 학명으로 Eurystomus orientalis이다. 그 뜻은 eurus(εὐρύς)가 넓은(broad, wide)이고, stoma(στόμα)가 부리(mouth)이니 '동양의 넓은 부리를 가진 새'이다. 영명으로는 broad-billed roller라고 부른다. 한국에서는 파랑새로 불리는데 다른 나라에는 넓은 부리를 가진 새로 불리는 것이다. 생물분류학적으로 파랑새는 넓은 부리를 가진 것이 특징이다. 학명이나 영명으로 볼 때 파랑새 명칭은 우리나라에서만 사용되는 것을 알 수 있다.

큰 유리새(사진제공 조흥상)

또한 동화 속의 파랑새의 이미지와 실제로 더 비슷하게 생긴 새가 숲 속에 있다. '독특하고 수려한 새와 생명이야기'라는 블로그의 운영자 이주현님은 "흔히 책에서 만난 파랑새는 작고 앙증맞은 외모에 새파란 유리빛의 깃털을 가지고 까만 눈동자가 반짝반짝 빛나는, 그런 새가 아니었나요? 날개짓도 포르르 포르르 하면서 여기저기 쏘다니는, 너무나 귀여운 천사 같은 모습의 그런 새 말입니다"라고 말한다. 그는 그런 새는 파랑새보다 쇠유리새나 큰유리새가 더 이미지가 맞다고 한다. 또한 "큰유리새는 빛나는 파랑색 무늬로 치장한 아름다운 새입니다. 목소리도 아름다운, 동화 속 파랑새와 가장 가까운 새라고 말할 수 있겠네요"라고 한다. 영명으로 큰유리새는 blue-and-white flycatcher(푸르면서 하얀 딱새)이고 쇠유리새는 Siberian blue robin(시베리아 푸른 울새)이니 대체적으로 파랑새와 더 비슷하다고 할 수 있다.

그런데 한국에서 영명과 다르게 유리새류를 파랑새로 하지 않은 이유는 무엇일까? 아마도 유리새 종류는 암수가 색이 다르고 파랑새는 암수가 비슷하여 그리 된 것이 아닌가 추측해 볼 수 있다.

## 파랑새의 생물학적인 특징

파랑새가 그렇다고 동화 속에 나오는 이미지와 전혀 다르다는 것은 아니다. 파랑새도 나름의 동화 속의 이미지를 가지고 있다. 몸에 전체적으로 청동색 푸른빛이 돌기 때문이다. 다만 몸의 길이가 앙증스러운 크기보다 조금 큰 29cm 전후이고 머리가 흑갈색이며, 부리와 다리는 붉은색이라는 것이다.

고도의 조류 전문가가 아니면 산야에서 파랑새를 알아보기는 쉽지 않다. 일반 사람들이 파랑새임을 쉽게 알 수 있는 동정 포인트는 날 때 날개 깃의 중앙에 푸른빛이 도는 흰색 알록달록한 무늬를 찾는 것이다. 햇빛 때문에 청동색 푸른빛은 검게 보이므로 날개 깃의 흰색 무늬를 찾아보면 더 쉽게 알아 볼 수 있다. 그래서 파랑새를 일명 달러버드(dollar bird)라 한다.

파랑새는 넓은 부리를 가진 것이 특징이다. 새의 부리는 사냥과 연관이 있다. 파랑새는 날아다니는 잠자리, 나비, 딱정벌레 등을 잡아먹는다. 날아다니는 작은 곤충류를 사냥하기 위해서는 적합한 부리와 뛰어난 비행술이 있어야 한다. 『나는 산새처럼 살고 싶다』의 저자 도연스님의 표현에 따르면 '까치는 헬리콥터 같지만 파랑새는 전폭기 같다.'라고 한다.

파랑새의 아름다운 비행 날개깃에 하얀 점이 보인다
햇빛을 등지고 있기에 검게 보인다 (사진제공 산들강 오경석)

날개가 몸통에 비해 크면서 날렵하게 생겼다. 위 아래로, 좌우로 신속하게 비행 전환에 적합한 날개를 가진 것이다. 긴 날개로 대기를 휘저으며 바람을 만들고, 바람을 타고 창공을 활강한다. 수직으로 솟구치다가 어느 결에 바람을 가르며 곤두박질치듯 급강하하기도 한다. 청동빛 날개 위에 눈부신 햇살을 받으며 푸른 하늘을 나는 현란함은 자유로움 그 자체이다. 섬세한 사냥 비행의 대가로 인정할 만하다.

파랑새는 이미지와는 달리 강제로 남의 둥지를 빼앗는 것으로도 유명하다. 발달된 부리로 딱따구리처럼 고목에 둥지를 틀기도 하고, 다른 새들이 지어놓고 간 자리를 재사용하는 경우도 있지만 산란기에는 둥지를 두고 까치와의 다툼을 하는 장면을 종종 볼 수 있다. 까치는 맹금류도 몰

파랑새 둥지(출처 한반도의 조류)

아낼 정도로 조류계의 강자이다. 이 같은 까치를 상대로 둥지 다툼을 한다는 것은 생태계 내에서의 상위를 점하고 있지 않으면 힘든 일이다. 생태계에서의 파랑새는 현란한 비행술과 '케케켓, 케케켓' 하는 위협적인 소리를 내며 남의 둥지를 차지하려는 조류계의 깡패이다. 이미지는 행복을 나타내는 새인데 실제로는 현란한 비행술, 발달된 부리 그리고 위협적인 목소리로 남의 둥지를 빼앗으려고 하는 생존 전략이 그의 실제 생활상이다.

## 지역 공동체에서 상징새를 선정하는 유래

나라의 꽃은 무궁화인데 나라의 새는 없다. 이와 달리 지자체에는 나무, 새, 꽃에 대한 상징물을 모두 가지고 있다. 나라의 상징새는 없고, 지자체에만 있다는 것은 그 유래가 부족 공동체에서 기인한 것임을 짐작하게 한다.

부족 씨족 시대에 하늘에 제사를 지냈던 장소로 소도가 있다. 소도는 일상생활 공간이 아니라 하늘과 땅을 연결하는 일종의 성전이다. 이 소도 입구에 솟대를 세웠다. 이곳부터 거룩한 장소임을 알리는 표시이다. 솟대 위에는 일반적으로 오리를 상징하는 새를 매달았다. 오리는 하늘과 땅 그리고 물을 모두 갈 수 있는 새이다. 영계인 하늘과 현실인 땅 그리고 죽음을 상징하는 물을 두루 다닐 수 있기에 신과 인간을 매개할 수 있다고 생각해서이다.

지역마다 솟대 위에 세우는 새 종류는 다를 수 있지만 근본적으로 솟대 위에 있는 새의 상징은 신성한 장소와 세속적인 장소를 구별하는 역할과 지역과 공동체를 위협으로부터 보호하는 기능을 했다.

지자체 상징새 지정은 솟대에서부터 기인한 것으로 생각한다. 솟대의 새들은 지역의 조건에 따라 다를 수 있다. 우리 세종시에서는 솟대에 올리는 새로 파랑새를 정한 것이다. 파랑새는 행복을 나타낸다. 그러므로 우리 세종시의 상징으로 파랑새를 지정했다는 것은 행복의 솟대를 세우자는 또 다른 표현이 될 수 있다. 불행은 몰아내고 행복을 가져오는 솟대를 세우자는 것이다. 행복을 상징하는 파랑새의 솟대가 세종 공동체의 모두의 마음에 담겨 행복한 도시가 되었으면 좋겠다.

# 세종시의 꽃, 복사꽃 핀 이곳이 무릉도원은 아닐까

## 복사꽃이 세종시의 시화(市花)로 지정된 이유

봄기운이 울긋불긋 꽃 대궐을 이루더니 이제 하나 둘씩 짙은 연녹색을 더하고 있다. 조천을 물들인 화려한 벚꽃과 구릉지에 넓게 핀 복사꽃들이 봄의 향연으로 우리를 끌어당기고 있다. 가로변 벚꽃이 도심을 화사하게 꾸미고, 구릉지 복사꽃들은 우리들 마음까지도 봄으로 장식하는 것 같다.

봄이 되어 우리의 마음에까지 피어나는 복사꽃이 세종시 상징 꽃이다. 과거 연기군 시절부터 계속 이어지는 시화(市花)이다. 시목(市木)은 향나무에서 소나무로 바뀌고, 시조(市鳥)는 제비에서 파랑새로 바뀌었어도 시화(市花)만은 그대로 유지되고 있다. 세종시 어디를 가도 발길마다 눈길마다 마주치는 것이 복사꽃이기 때문일 게다.

## 복사꽃이 많아 생긴 세종시의 문화

어린 시절 탱자나무 울타리 복숭아꽃은 우리들에게 다양한 놀거리와 먹거리를 제공하는 신호탄이었다. 복사꽃 핀 과수원 아래에서 토끼풀로 꽃반지 만들며 놀기도 하고, 술래잡기로 시간 가는 줄 몰랐다. 꽃이 피었다 지고 나면 얼마 지나지 않아 초등학교 앞 구멍가게에는 노란 햇병아리들과 함께 달달한 당원이 묻어있는 풋 복숭아들이 선을 보이기 시작했다. 씁쌀한 뒷맛이 남는 당원의 달달함에 이끌려 우리들은 엄마에게 혼나면서 얻은 코흘리개 동전을 홀린 듯 내밀곤 했다. 지금도 달달한 풋 복숭아의 그 맛은 추억의 한 장면으로 고스란히 뇌리에 남아 있다.

복숭아 농사에 주력했던 조치원 사람들에게는 당연했겠지만 외지인들에게는 생소한 복숭아 식문화(食文化)가 있었다. 솎아낸 어린 복숭아

봄에 핀 복사꽃에 벌이 날아와 있다

를 삶아 먹었던 바로 그것이다. 1960~70년대 먹을 것이 풍부하지 못한 시절이라 그랬는지 조치원 사람들은 솎아낸 풋 복숭아를 삶아서 달달한 당원에 무쳐 별미처럼 먹었다. 더불어 어린 시절 나의 기억 속에는 먹고 남은 하얀 씨앗들을 오물딱 조물딱 만지며 놀다가 터트렸던 장면도 고스란히 남아 있다. 중학교 농업시간이었던 것 같다. 외지에서 오신 선생님이셨는데, 조치원에서는 풋 복숭아를 삶아 먹는다고 하니 이상하고 이해가 안 된다는 식으로 계속 고개를 갸우뚱거리며 낯설어 하셨던 얼굴이 아직도 생생하다. 지금 생각해 보니 복숭아 농사를 많이 짓고 먹을 것이 없었던 시절의 독특한 문화이기에 낯설어 하셨던 선생님의 모습이 이해되기도 한다.

## 언제부터 세종시에는 복사꽃이 많아졌을까

세종시에 복숭아 밭이 많게 된 계기는 일본이 조치원에 경부철도 역을 세우고 1906년에 농촌진흥청의 산실인 권업모범장 과수시험포가 조치원 봉산리에 세워져서라고 알려져 있다. 당시 일본은 근대화 과정 중 경공업에서 중공업으로 넘어가는 시기였기에 본국의 국민들 생필품과 산업 원자재를 싼 값으로 제공하기 위해 조선을 삼키고 자신들의 입맛에 맞게 재편하는 단계이었다. 문명화라는 명분으로 일제는 세종시 인근 하천변에 제방을 쌓아 안쪽은 논을 만들고, 바깥쪽은 단무지와 감자를 생산하는 곳으로 만들었으며, 구릉지에는 세종시 기후 조건에 적합한 복숭아 과수를 재배했던 것이다. 결국 일제에 의해 세종시에 복숭아 과수가 많아지게 된 것으로 볼 수 있는데, 처음부터 세종시에 복숭아 과수가 민

갑부농원 강정기님의 농장에 달린 탐스런 복숭아

족의 자생적인 힘으로 되었으면 더 좋았을 것이라는 아쉬움이 남는 부분이다.

## 왜, 세종시에서 복숭아 과수가 잘 되었을까

복숭아 나무는 생물학적으로 장미과에 속한다. 관목류인 장미과 복숭아나무는 교목인 큰 나무들과 경쟁에서 이길 수 없기에 그들을 피할 수 있고, 햇빛을 풍부히 받을 수 있는 곳이 적당하다. 또한 배수가 잘되며 적당한 기온을 유지하는 곳이 최적지라 할 수 있다. 세종시는 지구의 지각변동에서 오래된 시기에 속하여 낮은 구릉지가 주를 이루고 있는 지형을 가지고 있으며, 금강과 미호천으로 인한 미세한 일교차가 있어 과수에게는 긴장감을 높일 수 있는 곳이라 과질을 높일 수 있는 장점이 있는 곳으로 추정된다. 일설에 의하면 같은 품종이라도 다른 지역에 가면 세종지역에서 생산한 복숭아와 같은 맛이 나지 않는다고 하는데, 이런 것이 아마도 세종시가 가지는 기후 지형의 조건 때문이 아닐까 한다.

## 복사꽃 천지인 이곳이 무릉도원은 아닐까

우리 지역에 복숭아 과수가 많아서 좋은 점은 홀릴듯한 화사한 꽃을 많이 볼 수 있고, 밤에 먹으면 미인을 만든다는 과일을 풍부히 먹을 수 있는 것도 있지만 복숭아에 관련된 많은 이야기를 축적하고 있기 때문이기도 하다. 복숭아의 꽃과 열매 그리고 복숭아 나뭇가지에는 많은 신화와 전설이 서려 있다. 복사꽃의 화려함은 인간 삶의 이상향이 된 무릉도원을 형상화하는데 쓰였고, 겨울 찬 기운이 가시기 전에 잎보다 먼저 꽃을 피우기에 대표적인 양목(陽木)으로 알려져 동쪽으로 난 가지로 귀신을 쫓는다는 속설을 가지고 있다. 열매의 생김새가 여인의 생식기를 닮아 생명력을 길러주는 의미로도 사용되며, 불로장생을 의미하는 신선들의 과일로 상징되기도 한다.

이런 전설과 신화를 들을 때면 이 지역에 사는 내가 괜히 으쓱해지기도 한다. 내가 사는 복사꽃 화려하게 핀 이곳이 혹시 무릉도원은 아닐까? 복숭아를 많이 먹으니 신선처럼 살 수 있는 것은 아닐까? 귀신이 복숭아 나뭇가지를 무서워하여 멀리 도망가 행복만 활짝 피는 동네에 내가 살고 있는 것은 아닐까 하고 말이다. 그런 동네가 되었으면 하는 바람이 더 크기 때문인지도 모르겠다. 세종의 시화(市花) 복사꽃을 보면 이런 저런 생각들이 나를 웃게 만든다.

# 오백 년 된 마을숲, 소정면 넉바위 마을

## 자세히 보아야 보이는 고향

천안을 가기 위해 소정면 소정리(넉바위 마을)를 지날 때면 항상 미안한 마음이 들었다. 가는 길목에 페인트로 쓴 낡은 입간판 때문이었다(지금은 철거되고 없다). 잘 보이지 않았지만 '천연보호림'이라고 쓰여 있었다. 입간판 뒤로 고목이 된 왕버들이 낡은 철망으로 둘러 쌓여 있고, 주변에는 정리되지 않은 농자재 잔해들이 널려 있었다. 마치 주인없이 방치된 나무농장 같았다. 천연보호림이면 소중한 우리의 자연유산이라 잘 보전되고 정돈되어야 하는데 왜 이리 방치되어 있어야 하는가 하는 안타까움과 그저 바라만 보아야 하는 무력감이 교차되었다.

지금은 명칭이 천연보호림에서 산림 유전자원보호림으로 바뀐 곳이다. 세종시에서는 천혜자원 보호와 애림사상 고취를 목적으로 지정된 유일한 곳이다. 산림 유전자원보호림은 '산림 내 식물의 유전자와 종 또는 산림생태계 등을 보전하기 위하여 법률로 지정하여 보호 · 관리하는 보호림'을 말한다. 원시림과 고산식물지대, 희귀식물 자생지, 유용식물 원생지, 산림습지, 자연생태계 보전지역 등이 지정 대상이다. 현재 소정리 넉바위 마을의 산림유전자원보호림은 1ha정도로 왕버들 나무가 주종을 이루고 있는 것이 특징이다.

## 넉바위 마을숲의 기원 및 보전 약사

넉바위 마을 사람들은 이곳을 수살(水殺)이라고 부른다. 수살은 아마도 수구막이, 수구맥이, 수살맞이 등의 약자인 것 같다. 자연재해와 액을 막을 목적으로 만든 상징물이다. 1540년 무렵에 벼슬을 하던 전주이씨가 낙향을 하면서 풍수지리에 입각해 좌청룡, 우백호를 맞추기 위해서 인위적으로 심은 마을숲이 수살(水殺)이 된 것이다. 넉바위 마을에서 보면 좌측면 산자락이 짧아 인위적으로 나무를 심어 숲을 만들어 늘린 것

▼ 세종시 소정면 넉바위 마을에 액막이용 수살은 전주이씨가 낙향한 이후 풍수지리를 감안해 만든 인공 방풍림이었다(사진 출처 : 대한강국님 블로그)

이다. 이 인공 숲은 북쪽에서 불어오는 찬바람을 막는 방풍림의 역할도 하고, 앞쪽에서 흘러오는 하천의 수해를 방지하는 기능도 하고, 타 마을과 우리 마을을 가르는 경계가 되는 곳이다. 자연재해가 있는 곳을 고쳐 마을의 성스러운 장소로 바꾼 것이다. 이곳에서 마을 사람들은 굿도 하고, 제사도 지내고, 잔치도 했다. 자연을 정복의 대상이 아니라 자연에 순응하며 어울리면서 살고자 하는 우리 선조들의 지혜가 물씬 풍기는 전형적인 마을숲이다.

소정면 넉바위 마을

네이버 지도에 나타난
소정면 넉바위 마을숲 위치

넉바위 마을 사람들이 이 수살을 지키기 위해서 노력한 모습은 참으로 인상적이다. 현재 이곳의 소유는 개인이 아닌 마을회로 되어 있다. 수살 관리를 동계, 청년회, 마을회에서 하다가 한국전쟁 당시 공동재산을 인정하지 않아 정부로 넘어가게 되었는데, 경매로 나온 것을 마을 사람들이 십시일반 돈을 모아 찾아 온 것이다. 현재 마을회는 경매에 참여했던 19명과 20년 이상 거주한 사람들로 조직되어 있다. 마을 전체가 수살을 공동으로 관리하는 주체로 나선 것이다.

또한 1970년대 개발의 광풍이 불어 실용적인 관점에서 수살을 없애고 논으로 만들자는 의견이 나왔을 때도 이를 걱정한 몇몇 어른들이 제도적으로 방지하기 위해 산림청에 천연보호림으로 등록(1985년 8월 27일) 했던 부분이다. 그때 천연보호림으로 등록을 해 놨기에 어쩌면 지금까지 보존될 수 있었던 것인지 모른다. 수살을 지키려는 마을 사람들의 공동체 의식과 구체적인 활동이 참으로 존경스럽다.

## 소정리 넉바위 마을숲은 세종시 민속문화 콘텐츠가 되어야 한다

소정리 넉바위 마을은 조선시대 전형적인 풍수지리에 입각한 전통 마을숲의 전형이 남아 있어 학술적인 측면에서도 연구해 볼 필요가 있고, 수살이라는 마을숲을 통해 전통 마을 공동체 문화를 보전하려는 스토리는 훌륭한 민속문화의 콘텐츠를 제공할 수 있을 것이다. 또한 천연림의 모습을 하고 있는 수목들을 통해 산림자원의 유산을 남길 수 있는 가치 있는 곳이기도 하다.

얼마 전 수살에 방문하였을 때 시에서 정비 작업을 하고 있었다. 방치되었던 이곳에도 이제 사람들이 관심을 보이는 것 같아서 참으로 보기 좋았다. 이런 관심이 좀 더 확장되기를 기대해 본다. 더불어 넉바위 마을의 전통 마을 문화유산과 자연유산을 잘 보전하고 계승시키기 위해서 무엇이 필요할까 생각해 보았다.

먼저 마을숲을 보전 발전할 수 있게 주변 경관 정비가 있었으면 한다. 비닐하우스와 농자재 적재는 정비되었으면 좋겠다. 농사를 짓더라도 마을숲인 수살과 어울리는 방법을 모색해 봤으면 한다. 누가 봐도 이곳이 세종시에서 마을숲을 갖고 있는 전통 마을의 전형을 이루고 있는 동네라고 인정할 수 있게 말이다.

둘째 왕버들이 고사되는 자연 조건에 대한 제반 조사를 했으면 한다. 일제시대 때 하천 직선화로 일차적인 수살의 모습이 변형되었다. 거기에 얼마 전 만들어진 수살 아래 보 때문에 왕버들이 고사되고 있다고 하니 그 원인을 밝히고, 해결 방향을 찾았으면 하는 것이다. 우리 선조들은 자연과 순응하는 마을을 만들었는데 우리는 그것을 훼손하는 자손들이 될 상황이다. 자연유산을 보전하면서도 수량을 확보할 수 있는 슬기로운 지혜가 절실히 요구된다.

세종시에서 산림유전자원보호림 정비 작업을 하고 있다

소정리 넉바위 마을은 조선시대 전형적인 풍수지리에 입각한 전통 마을숲의 전형이 남아 있어 학술적인 측면에서도 연구해 볼 필요가 있고, 수살이라는 마을숲을 통해 전통 마을 공동체 문화를 보전하려는 스토리는 훌륭한 민속문화의 콘텐츠를 제공할 수 있을 것이다. 또한 천연림의 모습을 하고 있는 수목들을 통해 산림자원의 유산을 남길 수 있는 가치 있는 곳이기도 하다.

2004년 넉바위 마을숲 내부 모습

셋째로 마을 공동체의 중심인 수살제를 복원하였으면 한다. 수살제 복원은 잊고 있던 마을 공동체의 문화 복원이고, 우리 세종시의 문화 콘텐츠의 창조이다. 수살제가 복원되면 아이들에게는 지역 민속문화의 산 교과서가 될 것이고, 어른들에게는 전통문화의 계승자로 기억되게 할 것이다.

마을숲은 자연과 인간을 연결하고, 마을공동체의 역사와 문화 그리고 신앙이 녹아 있는 공간이라고 한다. 우리 세종시에는 오백년 된 이런 마을숲이 넉바위 마을에 수살이라는 이름으로 존재하고 있으니 그 의미가 남다르다. 이곳을 잘 보존 계승시켜 우리 세종시의 자연유산, 민속유산, 문화유산이 더욱 살아나게 했으면 하는 바람이다.

# 세종시청에 '전의금불초' 화단을 만들자

## 식물도감에서 전의금불초를 보다

몇 년 전에 우연히 식물 도감을 보다가 '전의금불초'를 처음 알게 되었다. 국화과의 식물인데 금불초와는 다른 종으로 당시 연기군 전의면에서 처음 발견되었다고 하여 이름이 '전의금불초'라 명명되었다는 설명이었다. 신기했다. 많은 식물이름을 보았지만 내가 살고 있는 지명이 들어간 식물 이름은 처음이기 때문이다. 순간 이런 생각도 들었다. 전의금불초의 변이 과정을 잘 살피면 우리가 살고 있는 세종시 자연환경의 특징을 파악할 수도 있고, 세종시를 알리는 대표 지표식물이 될 수도 있겠다고 말이다.

## 전의금불초를 찾아나서다

식물 도감의 설명과 사진을 자세히 보니 우리가 가을에 흔히 보는 노랑 꽃망울이 피어 있는 산국(들국화)과 비슷하게 생겼고, 형태는 개망초

**전의금불초**(국화과)
*Inula salicina var. minipetala*
충남 전의에서 자라는 여러해살이 풀. 전체가 금불초와 닮았으나 잎이 좁으며 잎 뒷면의 잎맥이 튀어나오고, 혀꽃의 길이가 금불초의 절반밖에 안된다. 7~8월에 꽃이 핀다.

식물도감에 '전의금불초' 를 소개하는 내용
『야생화 쉽게 찾기』(진선북 출판사, 송기엽, 윤주복 지음)

와 비슷한데 꽃잎 둘레가 노란색이었다. 우리 주변에서 많이 본 것 같은 생각이 들었다. 단순하게 습지식물이라고 하니 전의면 베어트리파크 주변의 조천에 가면 쉽게 볼 수 있을 거라 생각하고 홀로 길을 나섰다.

그런데 내 기억의 잔상들과 현실은 달랐다. 찾으려 하니 그리 만만한 것이 아니었다. 전문적인 식물 동정에 대한 지식도 미천할 뿐만 아니라 시기가 봄철이었기에 어린 줄기만으로 찾아내기란 쉬운 일이 아니었다. 낙담하고 '다음에 해야지' 하고는 잊어버리고 많은 시간이 흘렀다.

다시 지역의 자연환경에 대한 것을 정리해보자는 생각을 하고 전의금불초에 대한 자료를 찾기 시작하였는데, 식물 관련 세종시 자료들을 찾아보아도 정리된 것은 없고, 야생화나 식물 사진을 찍는 분들에게 물어보아도 금불초는 알아도 전의금불초는 처음 들어본다는 분들이 대부분이었다. 전의에서 처음으로 발견되어 전의금불초이지만 정작 우리 지역의 사람들은 이런 이름의 식물이 있는지조차 모르고 있었다.

그래서 두가지를 생각했다. 하나는 전의금불초에 대한 자료를 전체적으로 다시 살펴보아야 겠다는 것과 또 하나는 우리 지역에 있는 전의 금불초의 존재를 공론화하여 산재되어 있는 다양한 정보도 수집하고, 함께 탐사할 수 있는 사람들도 모집해 보아야겠다는 것이었다.

전의금불초에 대한 자료를 찾다보니 많지도 않았지만 기준이 될 수 있는 정확한 것도 불분명했다. 그저 식물관련 애호가들이 추측하는 정도의 사진과 정보들이 대부분이었다. 부족하지만 학명과 명명자에 대한 자료는 나름 의미 있게 다가왔다.

## 전의금불초를 발견하신 이영노 교수님

자료에는 전의금불초는 우리나라에서 사용하는 국명이고, 영명은 Small-petal yellowhead, 학명은 inula salicina var. minipetala Y.N.Lee, 과/속명은 국화과 금불초속의 여러해살이 풀, 구분은 자생종으로 분류되어 있었다.

이 자료에서 알 수 있었던 것은 국명에 전의가 들어가니 당시의 지명으로 충남 연기군 전의 지역과 연결이 되는 금불초라는 것을 그리고 영명에서는 노랑머리를 가지고 있으면서 꽃잎이 작다는 특징을 추정할 수 있었고, 학명의 첫 부분인 inula는 속명을 나타내는 것으로 금불초가 들국화와 비슷함을 의미하고 있음을, salicina는 종소명으로 버드나무과 버드나무 속(salix)과 유사하다는 의미이니 이름만으로도 습지 식물임을 알 수 있었다. 또한 minpetala는 변종명으로 그 뜻이 '보다 작은 꽃잎의' 이라는 의미로 타 금불초속들과는 다른 고유한 특징을 나타내고 있음을

전의금불초 명명자
이영노 교수(문화일보)

짐작할 수 있었다.

또한 Y.N.Lee는 명명자를 나타내는 것이니 명명자가 이영노라는 분임을 알 수 있었다. 명명자이신 고 이영노 교수는 이대 교수, 한국식물연구원 원장님을 역임한 분으로 동강 할미꽃, 노랑무늬 붓꽃 등 242종의 새로운 식물을 발견하셨으며 한반도 자생식물에 대한 다수의 저서와 논문을 통하여 자생식물의 분류체계 확립과 식물분류학에 크게 공헌하신 분이었다. 이분이 1996년에 전의금불초를 처음 발견하여 학계에 등록하신 것이다.

자료를 확인하고 다시 한번 전의금불초를 확인하고 싶어서 페이스북에 함께하고 싶은 분이나 정보를 청하는 알림을 띄웠다. 그러자 전의를 디자인하는 사람들 대표인 윤은실 샘과 이지녕 샘이 함께 전의 지역 생물자원인 전의금불초를 찾고 싶다는 뜻을 밝혀 주셨고, 친구이기도 한 유민준 샘이 운주산 입구와 운주산성 인근에서 전의금불초를 보았다는 정보도 알려 주었다.

왠지 실마리가 풀릴 것 같았다. 함께하기로 한 지인들과 더불어 지난

전의 운주산성 절터에서 전의 금불초를 동정 중이다
(왼쪽이 필자, 오른쪽은 전의를 디자인하는 사람들 대표 윤은실 님)

5월 말에 무작정 2차 전의금불초를 찾아 나섰다. 한 가지 걱정되었던 것은 지난번처럼 전의금불초가 하국(夏菊)이라 하여 늦여름인 8월 말이나 9월 초부터 꽃이 피는데 과연 줄기와 잎만 보고 찾을 수 있을까 하는 것이었다. 우려가 현실이 되었다. 전의면 베어트리파크 앞 조천을 다시 한 번 둘러보고, 운주산 입구와 산성 주변을 열심히 둘러보았지만 나의 눈에 보이는 것은 초지 위에 핀 다양한 풀들과 개망초 군락뿐이었다. 실망이었다. 아직 꽃망울은 생기지 않았지만 5월말이면 어느 정도 쉽게 찾을 수 있을 것이라 기대했으나 결국은 실패였다. 내려오면서 친구 유샘에게 전화를 했다. "이번에도 전의금불초 탐사에 실패하였으니 돌아오는 가을에 함께하여 도움을 주면 좋겠다고…." 그리고 혼자 중얼거렸다 "이제 또 다시 전의금불초 보려면 두세 달을 더 기다려야 하나?"

## 전의금불초는 세종시의 생물자원이다

전의금불초는 우리 세종시의 입장에서 보면 하나의 자원이 될 수 있다. 아주 훌륭한 생물자원이 될 수 있다. 문화자원, 관광자원, 경제자원처럼 우리 세종시의 자연환경의 특징을 설명할 수 있는 생물자원이 될 수 있는 것이다. 금남면 백로서식지, 미호천의 미호종개 그리고 소정면의 산림유전자원보호림과 더불어 전의금불초를 잘 활용한다면 세종시만이 가지는 개성있는 생물자원이 될 수 있을 것이다. 또한 세종시민에게는 색다른 정체성 확립과 자긍심 향상에 많은 도움이 될 것이다.

전의금불초 동정의 실패를 통해 든 생각은 우리 세종시에도 지역을 근거로 만든 『세종시 식물도감』이 있었으면 좋겠다는 것이었다. 무엇부터 시작하고, 누가 해야 하는지는 잘 모르겠지만 누군가가 시작하여 많은 사람들이 좀 더 정확하고 편하게 세종시의 자연환경과 생물 자원을 찾을 수 있는 『세종시 식물도감』이 있으면 정말 유용할 것이다.

한편 우리 지역의 지명을 딴 전의금불초를 시청 앞 화단과 정부청사 옥상 정원에 심어 지역의 색다른 스토리텔링을 만들어 보면 어떨까 하는 생각도 해보았다. 이런 측면에서 전의금불초를 다시 생각해 보고 관심을 가졌으면 하는 바람을 가져본다. 올 가을에는 벗들과 더불어 꼭 전의금불초를 찾아보리라.

# 미호종개는 돌아올 수 있을까

얼마 전 미호천 상류에 있는 모 중학교에서 환경교육을 한 적이 있다. 자연의 소중함과 미호천을 잘 보전해야 한다는 주제였다. 미호천의 생태조건과 그곳에 사는 야생 동물들 그리고 사람들이 훼손한 현장들을 사진과 더불어 설명했다. 교육이 끝나고 질의 응답시간에 학생들에게 가장 기억에 남는 것이 무엇이냐 물으니 '미호종개'라는 물고기 이야기였다고 했다. 학생들이 미호천 주변에 살고 있고, 이름이 익숙해서 그런지 그 지역 이름을 딴 물고기가 있다는 것이 신기했던 모양이었다. 천연기념물 제454호로 지정된 희귀어종이자 금강 특산어종이라는 말에 놀랐고, 멸종위기 야생동물 1급이라는 말에는 씁쓸해 했다.

## 미호종개의 서식지와 생태습성

미호종개는 강에서 사는 작은 미꾸라지 모양이다. 논이나 둠벙에 사는 미꾸라지들이 좀 크고 색깔이 갈색이라면 미호종개는 모양은 비슷한데 좀 작고 투명한 느낌으로 보면 된다. 과명이 미꾸리이니 아마도 미꾸

미호천에서 발견되어 지어진 이름인 미호종개
(사진제공: 한국향토문화전자대전)

리의 강가에 사는 사촌으로 보면 이미지가 그려질 것 같다.

미호종개의 서식지는 고운 모래가 있는 잔잔한 물가 주변으로 유속이 완만하고 수심이 얕은 곳의 모래 속에 몸을 완전히 파묻고 생활한다. 미호천은 이런 서식 조건에 상당히 부합된 곳이다. 청주 상당산성에 올라 미호천을 바라보면 저 멀리 증평이나 조치원까지 육안으로 볼 수 있을 정도로 완만한 평지의 지형을 하고 있다. 금강 상류인 장수나 무주처럼 좁고 물살이 센 감입곡류가 아니라 넓고 완만하게 흐르는 모습이다. 미호종개가 주로 발견되었던 대전의 갑천이나 청양의 지천이 이런 조건들을 또한 갖추고 있는 곳들이다. 이런 자연적인 조건은 옥산면 소호리에 있는 탄화(벼씨들이 불에 탄 모습) 유적처럼 사람들에게도 수렵채집의 생활에서 농경사회로 정착할 수 있게 만든 너른 뜰도 제공하고, 다양한 문화를 제공하게 했다.

## 미호종개가 처음 발견된 팔결교

미호종개를 처음 발견한 곳은 팔결교(청주에서 오창을 넘어가는 다리)이었다 한다. 1984년 처음 발견한 당시만 해도 다량의 미호종개가 서식하고 있었는데 30여 년이 지난 요즘은 거의 찾아 볼 수가 없다. 미호천의 상류인 진천의 백곡천이나 청양의 지천 정도에서 소량으로 발견되고 있는 실정이다.

미호종개가 처음 발견된 팔결교

멸종위기 야생동물 등급을 구별할 때 1급은 자연적 또는 인위적 위협요인으로 개체수가 현저하게 감소되어 멸종위기에 처한 경우이고, 2급은 개체수가 감소되고 있는 종으로 현재의 위협요인이 제거되거나 완화되지 않을 경우 가까운 장래에 멸종위기에 처할 우려가 있는 야생동물이라고 한다. 미호종개는 멸종위기 야생동물 1급에 속한다. 멸종위기에 직면했다는 것이다. 금강유역의 고유 어종인데 멸종위기에 처한 상황이라는 말이다.

## 미호종개 개체수 감소 원인

서식지의 급격한 변화가 그 원인이다. 미호천은 충북 음성 삼성면 마이산에서 발원하여 진천, 증평, 청주를 거쳐 세종시 조천과 합류하여 합강에서 금강과 만나는 40km 가량의 금강 제1지류이다. 이 미호천이 1970년대 농약의 무분별한 사용으로 오염되기 시작했다. 건설개발 지원을 위해 마구잡이식 토사 준설로 수심의 변화가 일어났고, 많은 공장에서 나오는 온배수들로 강물의 성질이 바뀐 것이다. 이런 서식지 오염과 훼손의 근본적인 개선이 없이 미호종개가 다시 돌아온다는 것은 요원하다. 이런 의미에서 볼 때 미호종개는 미호천 유역에 사는 사람들에게 자연과 상생하는 지표종이며, 꼭 상생, 공존해야 한다는 깃대종의 역할을 하고 있는 것이다.

## 미호종개는 생태도시의 척도가 될 수 있다

미호천은 조치원 번암리(쌍용 C&B 조치원 공장, 조천 연꽃공원)에서 조천과 만나 신도심 동북지역과 동면지역을 흐르다 합강 근처에서 금강과 합류한다. 그러기에 세종시도 미호종개의 서식환경의 변화와 무관하다고 볼 수는 없다. 또한 멸종위기 1급인 미호종개가 서식할 수 있는 환경을 조성해야 하는 기본적인 책임이 있다. 세종시는 현재 엄청난 개발이 일어나고 있기에 더욱 신경을 써야 할 것이다. 미호종개가 되살아나고, 살아갈 수 있는 도시를 만드는 것이 세종시에 있어서는 진정한 생태도시가 되는 척도라 할 수 있다.

미호종개를 살리기 위해서는 우선적으로 관심이 필요하다. 개발이 성

미호천과 조천 합수 지역

과인 분위기에서 자연과 인간 그리고 공동체가 공존 상생하는 철학을 세우는데 관심을 두어야 할 것이다. 이런 상생의 철학을 세우지 못하면 세종시는 그저 회색도시에 머물러 가진 자들의 돈놀이에 춤추게 되는 꼴이 된다.

또한 미호종개도 살 수 있는 도시를 만들기 위해서는 개발 이전에 자연환경에 대한 우선적 배려 없이는 불가능하다. 자연은 말이 없어 인간의 욕심 앞에는 그저 무력하기만 할 뿐이다. 그 욕심이 이후에 더 큰 불행을 가져오기에 예방 차원에서도 필수적이다. 이런 우선적 배려 없이는 미호종개는 사라질 것이며, 미호종개가 없는 미호천에 사는 사람들도 불행해지는 신호탄이 된다. 미호종개의 복원을 위한 세종시의 관심과 배려를 기대해 본다.

세종 시민들이여! 미호종개에 눈을 한번 돌려보시라. 그러면 자연과 상생 공존하는 세종시가 보일 것이다.

미호천 발원지인 마이산 샘물에서 제사를 지내는 금강지킴이들

# 제비가 고복자연공원에 돌아오고 있다

제비는 세종시의 전신인 연기군의 군조(郡鳥)이다. 여러 환경적인 조건들에 의해 잘 보이질 않았었는데 얼마 전부터 눈에 띈다. 고복자연공원 상류지역과 성제리 농협 앞 월하천 주변에 가면 날쌔게 먹이를 구하는 모습과 전깃줄에 앉아 휴식을 취하는 제비를 간간히 볼 수 있다. 요즘 언론을 통해 제비가 인가에 서식한다는 소식은 접하지만 일정 정도의 무리를 지어 있는 모습은 흔치 않은데 요즘 고복자연공원과 월하천을 동선으로 용암리, 고복리, 성제리, 쌍전리에 많은 제비집과 새끼에게 먹이를 주기 위해 열심히 나르는 모습을 쉽게 볼 수 있게 되었다.

제비는 얼마 전까지만 해도 인가와 농가 주변에 많은 수가 서식하였고, 신작로 전깃줄에 지지배배 노래하였기에 어른들에게는 고향의 추억이고, 음력 9월 9일 중앙절에 강남에 갔다가 3월 3일 삼짇날에 돌아오는데, 숫자가 겹치는 날에 갔다가 숫자가 겹치는 날에 돌아오는 새라고 해서 민간에서는 감각과 신경이 예민하고 총명한 영물로 인식하여 길조로 여겨왔다. 우리 선조들은 제비가 새끼를 많이 치면 풍년이 든다고 믿어

고복저수지 상류 금성식당 처마 밑에서 먹이를 주는 장면

왔다고 한다.

이런 제비가 농약에 취약하여 사라졌었는데 다시 나타난다는 것은 농약 성분이 바뀌어 환경의 오염이 줄고, 생태계가 복원된다는 지표가 되는 것이기에 세종에 살고 있는 우리에게는 환영할 일이 아닐 수 없다.

며칠 동안 고복저수지와 월하천을 동선으로 하는 인근을 탐문 조사한 바에 따르면 제비가 둥지를 튼 것은 2005년 전후가 많았고, 고복 저수지 상류와 성제리 월하천 인근에 서식하는 개체수는 60~70마리 정도인 것으로 추정되고 있는데, 특이한 것은 용암리 김세진(용암리 184-1번지)자택에는 2007년 당시 제비집이 5개가 되는데 이미 15년 전부터 꾸준히 제비가 서식한 것으로 나타났다. 추정하건데 인근에 서식하는 제비들은 이곳에서 태어나서 삶의 터전을 옮긴 것이거나, 직간접적인 영향을 받지

고복저수지 최상류 제비집이 있는 상가(2007년)

월하천 상류 제비집이 있는 상가(2007년)

않았나 싶다.

용암리 주민들은 "과거에는 제비들이 집을 쉽게 지을 수 있는 주택 구조였는데 요즘 많은 주택들이 콘크리트 슬라브 형태로 집을 지어 제비들이 집을 짓기가 힘이 드는데, 제비가 집을 지을 조건이 되는 곳에 못 자국을 몇 개 내어 놓으면 제비들이 쉽게 둥지를 튼다"고 말을 전했다.

제비는 일반적으로 석고성 진흙으로 새집을 짓는데, 걸리는 시간은 5~6일 정도이고, 기존에 있는 둥지는 다시 보수해서 사용하다고 한다. 제비는 둥지에 반점이 있는 흰색의 알을 3~7개를 낳는데 어미들은 새끼를 위해 하루에 200회 정도 먹이를 먹일 만큼 부지런하다. 날개 끝이 가늘어 빠른 비행에 유리하여 기류를 타고 신속하게 나는데 날아다니는 파리, 하루살이, 딱정벌래, 모기 등을 잡아먹고, 땅 위에 있는 먹이도 날면서 잡아먹는다.

국립환경과학원의 야생동물 실태조사에 따르면 제비는 2000년에는 100ha당 밀도가 37마리였고, 2002년 22.1마리, 2003년 20.6마리로 4년

제비집을 설명하고 있는 김세진님
1990년대경부터 제비가 날라 왔다는 김세진님 자택

동안 40%가 줄었다가, 2006년에는 다시 100ha당 밀도가 25.6으로 늘어나고 있는 추세라고는 하지만 절대적으로 줄어든 것에 비하여 증가율은 미미한 것으로 드러나고 있다.

제비가 이렇게 고복자연공원과 월하천 인근에 일정 정도의 개체수를 이룰 수 있었던 원인은 아마도 공장이나 대단위 주거 지역이 없어 환경오염에 비교적 영향을 받지 않았던 자연조건과 고복자연공원 상류의 낮은 습지성 조건 때문이 아닐까 한다. 고복자연공원 상류의 낮은 습지성 환경은 제비에게 있어서 안정적이고, 풍부한 먹이를 제공 받을 수 있는 장소이다. 또한 월하천을 동선으로 하는 주변의 조건들이 습지성 자연식생이 비교적 잘 보전되어 있어 제비들이 서식처를 확대하는데 결정적인 역할을 한 것으로 볼 수 있다.

제비가 고복저수지를 중심으로 서식하고 있다는 것은 생태계가 살아난다는 생태 지표이기에 환영할 일이지만, 인근 농가에게는 농작물의 브

제비의 지속적인 서식이 가능하게 한 월하천

랜드를 높일 수 있는 근거이기도 하고, 생태 공원을 기획하고 있는 입장에서는 좀 더 풍부한 내용을 담보할 수 있는 계기가 될 것으로 보인다. 제비가 사람들에게 도움을 주는 길조이고, 복을 가져다 준다는 관념이 있기에 좀 더 관심 있게 서식처를 보호하고, 다양한 홍보 활동도 할 필요가 있어 보인다.

제비는 세종시에 있어 행운의 기운을 불어넣어주는 징표(?)로 나타나는 것은 확실한데 이제 문제는 제비가 진정으로 세종시에 행운을 가져다 줄 수 있도록 서식지 보호를 위한 조사 및 활동, 서식지 보호를 위한 조직 구성 그리고 브랜드화 할 수 있는 다양한 방법을 고민해야 할 것이다.

## 4부 세종팔경을 꿈꾸다

# 청벽산에서 금강 노을에 젖다

## 이상향의 갈망이 그린 산수도(山水圖)

세종시에서 어린 시절을 보냈다는 『택리지』의 저자 이중환은 사대부가 살 곳으로 지리, 생리, 인심, 산수라는 지표를 사용했다. 이 지표를 좀 바꾸면 자연환경, 먹거리 재생산 조건, 상부상조하는 사회 풍토 그리고 휴식을 취할 수 있는 좋은 풍광이라 할 수 있다. 자연, 경제, 사회가 주로 현실의 삶을 이야기하는 것이라면 휴식과 힐링을 얻을 수 있는 산수(山水) 지표는 이상향적인 특징을 갖는다. 사람들에게는 일상을 벗어나고 싶은 기본적인 바람이 있다. 이런 갈망이 식자나 문인들에게 이상향에 대한 동경을 시, 노래, 그림으로 표현하게 했다. 이상적인 산수도로 유명한 것이 소상팔경도이다. 소상팔경도는 중국 북송 시대 이성(李成)에 의해 처음 그려졌는데, 후난성(湖南省)지역 양쯔강(揚子江]) 남쪽의 샤오수이강(瀟水), 샹장강(湘江)이 합류하는 지점의 아름다운 경치를 8폭에 나누어 그린 그림이다. 이 소상팔경도는 이후에도 많은 문인들에 의해서 지속적으로 시와 그림으로 표현되었다. 우리나라에서는 조선 초 안평대군의 소상팔경도가 유명하다.

## 연기팔경과 제작시기

이런 소상팔경의 원형이 지역에서 적용될 때는 관동팔경, 단양팔경, 금산팔경 등으로 탈바꿈되었다. 살고 있는 지역에서 풍류를 즐기기에 좋은 장소를 우리 선조들은 주로 팔경, 십경 또는 십이경으로 표현했다. 세종시가 이전의 연기군 시절에도 연기팔경이 있었다. 연기현에서 지금의 동면으로 넘어가는 동진 나루터의 고기잡이 불을 뜻하는 동진어화(東津漁火), 오봉산(五峰山)의 저녁바람을 뜻하는 오봉낙조(五峰落照), 당산이 구름과 함께 어우러져서 금강에 비친 모습을 뜻하는 당수청람(唐岫晴

嵐), 침산의 가을달을 뜻하는 침산추월(砧山秋月), 용당의 기이한 바위를 이르는 용당기암(龍塘奇巖), 금강에 배가 돌아오는 정경을 뜻하는 금강귀범(錦江歸帆), 옛 명승지인 고려고성(高麗古城), 비암사의 저녁 종소리라는 뜻의 비암만종(碑岩晩鍾)이 그것이다. 일제시대 신사가 있었던 침산리가 포함된 것을 보면 연기팔경은 일제침략 시기에 지정된 것 같고, 전월산이나 원수산 이야기가 없는 것으로 보아 제정 당시에는 이곳이 현재와 같이 강변도로가 있거나 인가가 많지 않은 금강의 배후습지 정도이었던 것 같다.

청벽산에서 바라 본 금강(2014 김지훈 제공)

세종시에서는 아직까지 세종팔경을 지정하지는 않았다. 세종팔경을 지정하는 것이 법정 계획은 아니다. 그러하니 지자체가 의무적으로 해야 할 필요까지는 없다. 하지만 지역의 팔경을 지정하는 것은 지역에 대한 자긍심의 표현이기도 하고, 자신이 살고 있는 곳이 왜 좋은 곳인지 각인시키는 작용일 것이다.

그냥 연기군 시절에 사용했던 연기팔경을 그대로 사용하면 어떨까? 그러기에는 새로이 편입된 지역에 대한 예의가 아닌 것 같다. 내륙 수운의 종착지였던 부강지역, 문화유산이 많은 공주지역, 역사적 가치가 높은 장군면을 포함시켜 다시 살펴보면 더 훌륭한 팔경이 나올 수 있기 때문이다.

## 세종팔경을 함께 지정하여 보자

세종팔경을 새로이 정한다면 무엇으로 하면 좋을까? 소상팔경에 나온 봄 풍경, 가을의 노을, 겨울 설경, 은모래 위의 유유자적하는 새들 모습,

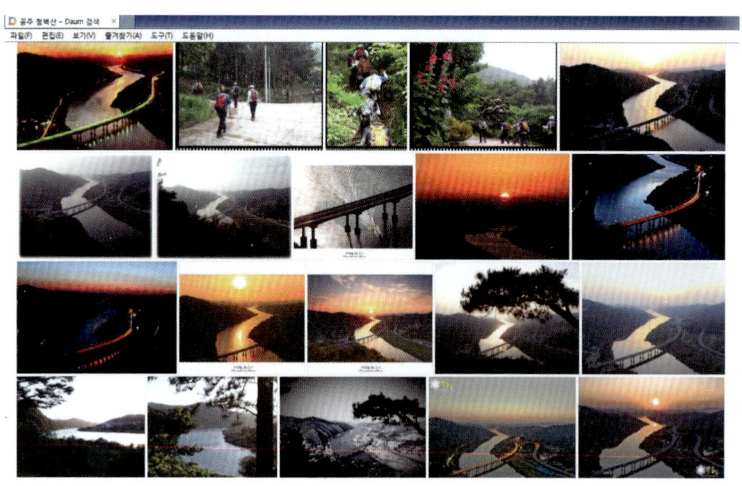


'다음' 에서 청벽산을 검색하여 나온 이미지 자료들

유유히 흐르는 강에 떠 있는 돛단배 모습을 담은 정형적인 방법으로 할 것인가? 아니면 사대강 금강팔경처럼 홍보하고 싶은 것을 할 것인가라는 등의 방법적인 논의에서부터 많은 준비와 절차가 있어야 할 것이다.

필자는 세종팔경을 지정하는 것에 한 표를 던진다. 이런 기회를 통하여 세종의 자연유산에 대한 다각적이고 심도 있는 논의를 했으면 하는 바람에서도 그렇고, 세종시로 이주하신 분들에게 이사 오길 잘했다라는 정서적 안정감을 줄 수 있을 것 같아서이다.

세종팔경이 새로이 제정된다면 꼭 추천하고 싶은 곳이 있다. 청벽산에서 바라본 금강의 추월(秋月)이다. 이곳은 이미 많은 사진 애호가들에게는 유명한 출사 장소이기도 하다. 인터넷에서 청벽산을 검색하면 많은 사진사들이 찍은 작품들이 올라와 있음을 확인할 수 있다.

▼ 청벽산 앞 수상스키 모습(2014. 김지훈 제공)

청벽산은 공주시 일부였다가 세종시가 되면서 편입된 지역이다. 이런 곳이 세종시에 편입된 것은 행운이 아닐 수 없다. 흐르는 금강이 측방 침식하여 만든 기암절벽이 병풍을 이루고, 앞으로는 장군산과 사송정이 있으며 옆으로는 대전에서 장군면을 거쳐 공주로 가는 청벽대교가 있다. 뒤로는 산림문화를 충분히 향유할 수 있는 금강수목원이 있는 곳이다. 또한 수심이 깊고 잔잔해서 수상스키를 즐기는 사람들의 모습이 한 폭의 그림 같은 곳이다. 청벽산에 가면 감동스런 풍광을 볼 수 있어 좋고, 산림의 지혜를 배울 수 있어 즐겁고, 사송정에 얽힌 역사 문화를 느낄 수 있는 곳이라 더 없이 좋은 곳이다.

세종시민에게 청벽산은 훌륭한 자연유산이다. 이런 좋은 자연유산을 시민들이 사랑하고 향유하기 위해서는 많은 정책적 지원과 다양한 홍보가 중요할 것으로 보인다. 우리 모두의 재산이기에 우리 시민들도 공유의 자원으로 잘 활용하여야 할 것이다. 훌륭한 자연유산을 잘 지키고 보전, 발전시킨다는 의미에서도 앞으로 정해질 세종팔경에는 꼭 포함되어 더욱 더 사랑스런 청벽산이 되길 기원해 본다. 아직도 청벽산에서 바라본 금강 추월의 감동이 내 가슴을 뛰게 한다.

# 오봉산에 올라 임금 착좌식 놀이를 해보세요

– 연기팔경 중 제1경인 오봉낙조(五峰落照)

燕邑西南秀五峰　연기 고을 서남쪽 빼어난 다섯 봉우리
偏燐落日艶紅濃　타는 듯 짙은 노을 조각조각 듯는구나
照入深林明似畵　숲속에 그윽한 빛이 그림처럼 훤한데
遙看可數鬱蒼松　멀리서 가늠컨대 솔이 빽빽 우거졌구나

– 출처 「연기전성지(1991)」, 유치도 지음, 의역 이상

## 오봉산 지명의 유래

오봉산은 세종시 조치원, 서면, 전동면에 걸쳐 있는 산이다. 인근 학교의 교가에 자주 나오는 이름이기도 하고, 조치원의 진산이기도 하며, 연기팔경 중 제1경이 있는 곳이다.

오봉산은 오행에 맞춘 봉우리 이름을 가져 붙여진 이름이다. 산행을 하다 보면 오행의 순서와 성격에 맞게 봉우리마다 이름을 붙였음을 알 수 있다. 조치원 문화원(2002년)에서 발행한 『연기의 산 이야기』를 토대로 보면 정상이 제1봉이고 목형봉(木形峰)이다. 높이가 262m인데 정

오봉산 정상에서 본 오봉낙조

상봉이라고 부르기도 한다. 오행의 성격상 목(木)에 해당한다. 오봉정이 있는 바로 옆 봉우리가 제2봉인 화형봉(火形峰)이다. 산림초소와 평산 신씨 묘가 있다. 봉우리 모습이 뾰족한 불꽃 모양이라 우각봉, 문필봉이라고 불린다. 제3봉인 토형봉(土形峰)은 오봉산 중턱 아래 쯤에 있는데 정상이 평평하다. 안내판에는 성주봉이라 표시되어 있다. 제4봉인 금형봉(金形峰)은 성주봉에서 좀 더 내려와 있는데 봉우리를 통과하지 않는 둘레길이 나 있다. 안내판에는 두루봉이라 되어 있다. 제5봉은 수형봉(水形峰)인데 강화최씨 숭모단과 봉산 향나무 사이의 솔숲이다. 산봉우리라고 하기엔 부족했던지 애기봉, 평당봉이라고도 부른다.

## 오봉산에 올라 임금님 착좌식 놀이를 하다

오봉산 정상에 오르면 연기팔경 중 제1경인 오봉낙조(五峰落照)를 만날 수 있어 열심히 산에 올랐다. 서산마루 노을이 고복저수지에 비치는 모습을 기대하고 갔는데 나무 가지들에 시야가 가려 만족스럽지는 않았다. 마음마저 붉게 물들이는 사진이란 그렇게 쉽게 찍히는 게 아니었다.

하지만 내가 누구인지 물음을 던지는 사람에게 몸과 맘을 동시에 힐링할 수 있는 놀이를 발견했다. 경복궁 근정전 임금님 자리 뒤에 있는 일월오봉도 체화 놀이이다. 일월오봉도는 해와 달 그리고 목화토금수의 오행을 상징하는데 산행을 하면서 이 모두를 만날 수 있었다. 오행 상징 봉우리들, 낙조에 실린 해, 덤으로 내려오는 길에 만난 초승달까지….

오봉산 제1봉, 정상봉,
목을 상징한다.
연기 제1경이라는 오봉낙조의 현장이다.

오봉산 제2봉(우각봉), 오봉정,
화를 나타낸다.

오봉산 제3봉, 성주봉,
토를 상징한다.

오봉산 제4봉, 두루봉,
금을 나타낸다.

오봉산 제5봉, 애기봉,
수를 나타낸다.
솔숲이 애기봉이다.

오봉산 봉우리 위치도

오봉낙조는 일월오봉도의 또 다른 모습이었다. 왕이 된 기분이었다. 지배자로서의 왕이 아니라 하늘과 땅의 보편 질서를 터득한 왕, 말이다. 왕을 하늘, 땅 그리고 사람을 관통할 수 있는 사람이라고 한단다. 오봉산 산행 중에 해와 달도 함께 하면서 우주 만물의 속성인 오행의 기운을 받으니 바로 내가 왕의 자리에 앉은 기분이었다. 오봉산 산행은 나를 이렇게 끌고 갔다.

## 오봉산이 품은 의미를 돌아본다

산행 전 오백 년 자리를 지킨 봉산리 향나무(천연기념물 321호) 정령에게 인사를 했다. 산행을 하는 내내 우주 만물의 질서인 음양오행의 의미를 잘 터득할 수 있도록 기원도 했다. 또한 강화최씨 숭모각 앞에서는 가문 소유의 땅이지만 시민들을 위해 아낌없이 내어주어서 고맙다고 감사 인사도 했다. 강화최씨 문중의 배려가 없었다면 세종 시민들이 이런

오봉산은 강화최씨 문중 땅인데 그분들의 배려로 많은 시민들이 혜택을 누리고 있다.

혜택을 누리지 못했기 때문이다.

오봉산은 사람을 천지의 참 주인으로 만드는 음양오행의 기운이 흐르는 일월오봉도를 간직한 산이고, 500년이란 시간을 한 자리에서 하늘과 마을과 사람을 돌본 향나무 정령이 숨 쉬는 곳이고, 자신의 재산을 많은 사람들이 누리도록 한 배려의 마음이 드러난 산이다. 오봉산은 이런 의미를 모두 품고 있는 산이다. 우리 지역의 선조들도 이런 깊은 뜻을 전하기 위해 오봉산 낙조를 연기(지금의 세종)의 제1경이라 하지 않았을까 한다.

다음에 갈 때는 봉우리마다 돌 한 개씩 얹어 돌탑을 만들어 봐야겠다. 그럼 일월오행의 기운을 더 많이 받지 않을까? 육체의 건강뿐만 아니라 마음의 편안함까지도 얻을 수 있을 것 같다.

이제 오봉산에 오를 때 임금 착좌식 놀이를 한번 해 보시라. 가슴 뿌듯해진다.

# 미호천 조성습지공원을 동진나루공원으로 개정하자

– 연기팔경 중 제2경(당수청람), 제6경(동진어화)에 대한 기억

## 남기고 싶은 기억들

연기팔경에 대한 사진을 찍고 싶었다. 아니 남기고 싶었다. 그러나 당수청람(唐岫晴嵐)과 동진어화(東津漁火)의 장소인 연기면 당산과 동진나루터에 가보니 그 흔적을 찾기가 쉽지 않았다. 남기고 싶은 사진인지라 어찌해야 고민하다가 글로라도 남기자 생각하고 기억을 더듬기 시작했다.

연기팔경 중 제2경인 당수청람(唐岫晴嵐)은 화창한 날에 당산 마루에서 보는 드넓은 동진뜰 아지랑이 피는 모습이고, 제6경인 동진어화(東津漁火)는 동진나루에서 밤에 횃불로 고기를 잡는 모습을 말하는 것이다. 당산과 동진은 지금의 연기면 연기리에 있는 산과 나루터로 당산은 동진나루의 뒷산, 동진나루는 당산의 앞 나루터로 같은 장소의 다른 풍경인 것이다.

## 동진(東津)에 묻힌 과거를 끌어올리다

이곳 연기팔경의 제2경과 제6경의 유래를 알려면 철도와 자동차가 있기 전 시대로 거슬러 올라가야 한다. 물류의 중심이 바닷길과 물길이던 당시, 이곳은 바다와 내륙을 잇는 중간 정착지로 50석 크기의 바다배가 정착한 커다란 나루터였다. 강경에서 100석의 배가 정착하여 50석 배로 소금과 젓갈을 소분하여 동진나루까지 오면 다시 이곳에서 소분하여 작은 배로 청원, 병천, 진천 등으로 더 올라가는 물류 기지이었던 것이다. 이곳을 금강의 다섯개 이름 중 하나인 오강(吳江)이라 불렀고, 연기현의 치소와 향교가 있던 곳이다. 신채호 선생이 말한 백제 부흥운동의 중심

보람교에서 바라본 당산과 동진나루(왼쪽에 있는 산이 당산이고, 가운데가 미호천이고, 오른쪽이 동진뜰)

지이면서 서거정을 비롯한 많은 문인들이 머물며 풍광을 시로 노래 한 곳이기도 하다.

또 이곳은 다리가 일반화되지 않은 시절에 미호천의 너른 습지 지형 덕분에 공주 남부, 내포 지역에서 청주, 상주로 가는 가장 최단거리의 나루였다. 연기면 쪽으로는 당산이 있고, 건너편 동진뜰(용호리) 쪽으로는 산지가 바로 있기 때문이다. 연기 지명을 풀이해 보면 연(燕)은 백제의 8대 성(姓) 중 하나인 연씨 마을이란 뜻이고, 기(岐)는 갈래를 나타내는데 전라도, 충청도, 경상도를 갈 수 있는 교차로란 의미인 것이다.

## 동진을 잃어버린 이유

결국 당산 아래 동진나루는 바다와 내륙을 잇는 물류기지로 많은 사람이 머무는 경제의 중심지이면서 이동을 위한 중간 정착지 기능을 했던 것이다. 경제적 풍요와 많은 사람의 교류로 풍성한 문화를 만들어내었고, 덕분에 세종시에서 가장 많은 예술 창작물 소재로 활용된 곳이기도 하다.

그런데 왜 현재는 기록에만 있고 그 자취를 쉽게 찾을 수 없는 것일까?

아마도 첫 번째 이유는 물류 이동 방법이 철도로 변화했기 때문이다. 물길을 이용할 때는 아주 적소였지만 기찻길이 생기면서 그 용도가 축소되니 자연스레 사람들도, 행정도 주목하지 않았기 때문이다.

조치원역 광장 바닥에 설치된
연기 제2경 당수청람

조치원역 광장 바닥에 설치된
연기 제6경 동진어화

두 번째는 미호천 주변의 지형 변화에 있을 것이다. 지금 세종시 강변 지형은 대부분 일제 강점기 때 이루어졌다. 당시 일제는 경공업 경제 체제에서 중공업 경제 체제로 변화하는 시기였고, 값싼 노동력을 얻기 위하여 낮은 가격의 농산물이 필요했다. 이를 위하여 동양척식회사를 세워 세종시 인근 강가에 제방을 쌓고 이곳에 농지를 만들어 이를 자신들의 경제적 터전으로 삼으면서 생산물은 본국에 송출하는 역할을 했다. 조치원 인근의 제방, 동진뜰 제방, 중앙 행정부처 앞 장남평야 제방 등은 대부분 이때 만들어진 것이다. 지금의 세종 호수공원 앞쪽은 옛 지명이 진의리로, 이곳에 진의 나루가 있었다. 아마도 일제 강점기에 제방을 쌓기 전의 모습은 현재와 많이 달랐을 것이다. 농사를 안정되게 지을 수 있는 논이라기보다 농지로 쓰기에는 부족한 습지 모습이었을 것이다.

▼ 미호천 조성습지공원 (멀리 보이는 다리가 보람교)

## 미호천 조성습지공원을 동진나루공원으로 만들자

이런 이유 때문인지 지금 동진나루터에 가보면 연기팔경에 나오는 모습은 없고 쌓여가는 모래톱 위에 마른 갈대 덤불과 4대강 사업의 일환인 조성습지공원만이 바람을 맞이하고 있다. 토목공사로 변절된 졸속 4대강 사업의 씁쓸한 결과를 온몸으로 느끼게 하는 현장이 되어 있다. 어찌 보면 이곳은 세종시 역사에서 종가(宗家)마을의 의미, 번창했던 나루터 유적, 유구한 민속 문화를 가지는 곳인데 이런 문화 유적은 기억되고 있지 않았다.

세종시가 품격 있는 도시가 되기 위해서는 이전 문화와 뿌리를 잘 보전하고 계승할 때 이루어질 수 있다고 본다. 조선을 개국한 이성계가 선조들 역사를 잘 기록하고 섬겼듯이 말이다.

이곳을 세종시 종가마을, 미호천 나루터 유적으로 살렸으면 좋겠다.

▼ 동진나루터에서 바라본 미호천

미호천 조성습지공원을 ‘동진나루공원’으로 개칭하고 이곳에 당수청람, 동진어화의 유래와 옛 문인들이 남긴 시들을 형상화하면 어떨까 한다. 그러기 위해서 먼저 당산과 동진나루에 대한 전면적인 고고학적 발굴이 이루어져야 한다. 또한 백제 팔대성 중의 하나인 연씨 활동과 신채호 선생이 백제부흥운동의 근거지인 주류성이라고 한 것에 대한 학술적 연구도 동반되어야 할 것이다. 대동여지도에서는 ‘성산’이라고 했는데 당산이라고 불리는 것을 보면 이곳에 나루터와 관련된 많은 민속 문화들이 있었다고 추론할 수 있다. 이에 대한 다각적 조사도 필요하다. 가능하면 일제에 의해 국민학교로 사용된 연기 관아의 복원도 희망하고, 동진어화의 재현과 나루터 체험을 위한 프로그램도 계획해 볼 만하다.

양적 성장을 거듭하는 세종시가 품격 있는 명품도시로 거듭나기 위해서는 이전 역사와 문화에 대한 기억과 배려도 함께 이루어져야 할 것이다. 이에 생뚱맞은 조성습지공원이 아닌 역사적 의미가 있는 동진나루공원으로 거듭나길 기대해 본다.

# 시간이 멈춘 곳에서 가을 달빛을 보다

– 연기팔경 중 제2경 침산추월

## 침산공원에 들어가 보다

인터넷에서 조치원에 대한 지도를 검색하다가 우연히 확인한 것이 있다. 조치원 시내는 여러 모양 건물로 표시되는데 유일하게 녹색으로 표시되는 곳이 있었다. 충령탑이라 표시되는 부분이다. 조천 너머 너른 오송 뜰과 서편으로 산지의 중간에 조치원읍이 형성되는데, 도심의 중간에 섬처럼 짙은 숲이 있는 것이다. 근 100년이란 기간 동안 개발의 압력에서 벗어나 시간도 멈추어 있는 듯한 곳이다. 하늘을 치솟는 아름드리 메타세콰이어가 공원 주변을 둘러싸고, 높이 2m에 넓이 3m 꽝꽝나무가 정원 가운데 무심히 잠자고, 어느새 커버린 중국 단풍나무는 터줏대감 노릇을 하고 있는 곳이다.

## 침산공원과 침산추월을 연결지어 보다

처음 연기팔경 중 제2경인 침산추월을 접하고 이곳과 연결 시키기가 쉽지 않았다. 일반적으로 팔경은 자연이 수려한 곳인데 이곳은 높고 깊

침산공원 내 충령탑
(왼쪽에 조국통일기원비와 오른쪽에 독립의사 숭모비가 있다)

은 산도 아닌 도심의 낮은 동산이고, 호국 영령을 모신 장소이기도 하기 때문이다. 일명 침산공원으로 불리는 이곳은 들어가면서 정원 같은 숲이 있고, 더 들어가면 큰 광장에 호국 영령을 모신 탑이 있고, 그 뒤로는 읍민들에게 물을 공급하기 위한 배수 탱크 시설이 있기에 이런 곳에서 가을밤 달을 본다는 것이 무슨 의미가 있을까 자문해 보기도 했다. 혹시 내가 모르는 다른 의미가 있을까 이런저런 자료를 찾아보다가 알게 된 것이 세 번의 큰 변화가 이곳에서 있었다는 것이다. 조치원역이 생기기 전 자연마을의 시기, 일제 신사가 있었던 시기, 현재의 모습이 그것이다. 이 변화과정을 알고 나니 침산추월이 좀 더 의미있게 다가오는 것 같았다.

## 조치원역이 부설되기 전 마을을 보면 침산추월이 보인다

처음 연기팔경을 제안한 맹의섭 선생은 그의 저서 『추운실기』에서 침산추월을 이렇게 소개하고 있다.

> "침산은 조치원 서편에 위치한 동명(洞名)인 동시에 산명(山名)이다. 산상에 오르면 조치원 시가가 일목요연하게 보이므로 어느 달밤이고 오르지 아니하는 사람이 없지만 가을밤에 도의성(다듬이 방망이 소리)을 들으면서 산책하는 것이 제일 취미가 있으므로 추월을 택한 것이다.(출처: 『추운실기』 맹의섭 저, 이상우 편)"

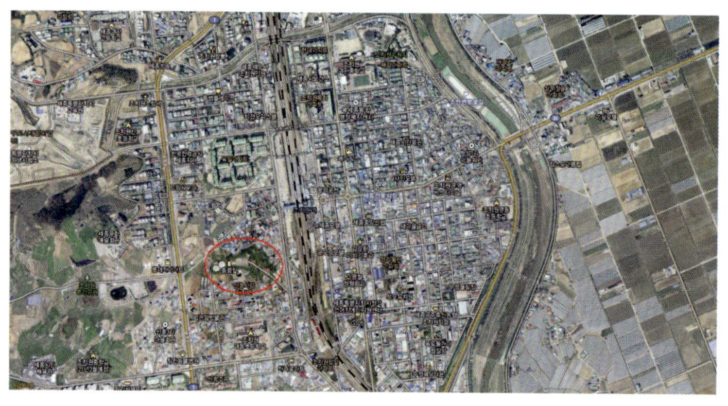

카카오맵에서 조치원을 보면 녹색으로 표시되는 침산공원

이곳 지명인 침산의 침(砧)은 다듬잇돌 침이다. 이렇게 불리게 된 이유는 옛 지명이 '방아미'인데 그 뜻은 마을의 지형이 디딜방아 발판의 두 다리 사이에 있는 모습이라 그리 되었다는 것이다. 경부선 철도가 부설되기 전 침산리의 지형은 현재의 욱일아파트 인근 산자락이 동쪽으로 뻗어 우체국을 지나 광성당 안경원(조치원로 36)의 시장 입구까지 걸쳐 멈추었으며, 충령탑의 산자락은 남으로 강원 연탄을 지나 구세군교회(조치원2길 64)까지 뻗쳐 있었다 한다. 철도가 생기기 이전 침산은 4, 9일장이 섰고, 큰 저수지가 있었다는 기록으로 보아 나름 큰 마을이었던 것 같다.

결국 침산추월의 모습은 오봉산 산자락이 낮은 구릉으로 오다가 독산처럼 솟아오른 곳(침산)에서 좌우의 능선 안 마을 모습과 앞의 너른 들 위에 떠오르는 달을 쳐다보는 기분을 노래한 것이리라. 중국의 태산이 실지로 여타의 산보다 높지 않지만 산동성 평지에서 보면 솟아올라 있기에 높은 산으로 인지되는 것과 같은 이치이리라. 앞에는 너른 황금들판이 있어 풍족하고, 좌우로는 바람을 막아주는 산자락이 있어 편안하며, 마을 가운데는 이곳저곳의 사람들이 저잣거리를 만들어 물산이 활발한 동네인지라 뒷산에 올라 가을 달빛을 보는 마음은 감흥이 절로 올랐으리라.

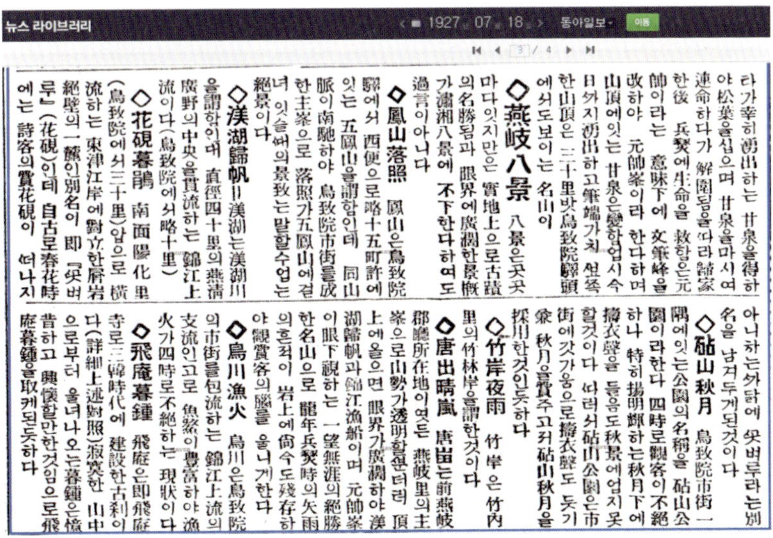


라가 幸히 湧出하는 甘泉을 得하야 松葉을 십으며 甘泉을 마시여 連命하다가 解圍됨을 따라 歸家한 後 兵燹에 生命을 救함은 元帥이라는 意味下에 文筆峰을 改하야 元帥峯이라 한다하며 山頂에 잇는 甘泉은 變함업시 수日까지 湧出하고 筆端가치 섯쪽한 山頂은 三十里밧 鳥致院驛頭에서도 보이는 名山이

◇燕岐八景 八景은 곳곳마다 잇지만은 實地上으로 古蹟의 名勝됨과 眼界에 廣濶한 景槪가 瀟湘八景에 不下한다 하여도 過言이 아니다

◇鳳山落照 鳳山은 鳥致院驛에서 西便으로 略十五町許에 잇는 五鳳山을 謂함인데 同山脈이 南馳하야 鳥致院市街를 成한 主峯으로 落照가 五鳳山에 걸녀 잇슬 때의 景致는 말할 수 업는 絶景이다

◇漢湖歸帆 漢湖는 漢湖川을 謂함인데 直徑四十里의 燕淸廣野의 中央을 貫流하는 錦江上流이다(鳥致院에서 略十里)

◇花硯暮鷗 南面陽化里(鳥致院에서 三十里)압으로 橫流하는 東津江岸에 對立한 屛岩絶壁의 一額인 別名이 即『옷버루』(花硯)인데 自古로 春花時에는 詩客의 賞花硯이 떠나지 아니하는 外닭에 옷버루라는 別名을 남겨두게 된 것이다

◇砧山秋月 鳥致院市街 一隅에 잇는 公園의 名稱을 砧山公園이라 한다 四時로 觀客이 不絶하나 特히 揚明鮮하는 秋月下에 擣衣聲을 들음도 秋景에 업지 못할 것이다 따러서 砧山公園은 市街에 갓가움으로 擣衣聲도 듯기 兼 秋月을 賞주고져 砧山秋月을 採用한 것인 듯하다

◇竹岸夜雨 竹岸은 竹內里의 竹林岸을 謂한 것이다

◇唐出晴嵐 唐峀는 前燕岐郡廳所在地이엿든 燕岐里의 主峯으로 山勢가 透明할뿐더러 頂上에 올으면 眼界가 廣濶하야 漢湖歸帆과 錦江漁船이며 元帥峯이 眼下視하는 一望無涯의 絶勝한 名山으로 龍年兵燹時의 矢雨의 흔적이 岩上에 尙今도 殘存하야 觀賞客의 腦를 울니게 한다

◇鳥川漁火 鳥川은 鳥致院의 市街를 包流하는 錦江上流의 支流인고로 魚鱉이 豊富하야 漁火가 四時로 不絶하는 現狀이다

◇飛庵暮鐘 飛庵은 即飛庵寺로 三韓時代에 建設한 古刹이다(詳細上述對照) 寂寞한 山中으로부터 울녀나오는 暮鐘은 憶昔하고 興懷할만한 것임으로 飛庵暮鐘을 取케 된 듯하다

1927년 동아일보에 나온 연기팔경 기사

## 침산공원 명칭은 일제 신궁에 대한 저항하는 의미가 있다

맹의섭 선생은 『추운실기』에서 일제 강점기 시기에도 이곳을 계속 '침산공원'이라 고집하셨다 한다. 일제가 이곳에 신사(神社)를 세우고 조치원공원으로 명명하였기 때문에 이와는 다른 본래의 의미를 살리는 용어를 쓰고자 하셨다 한다. 1915년에 일본인이 발행한 『조치원 발전지』 제5장 종교 '신사' 란에 보면 이런 기록이 있다.

> "조치원 신사는 시가의 서쪽 경관이 수려한 웅비산(雄飛山) 정상에 있다. 천조대신궁을 봉사한다. 1908년(명치41년) 여름 조치원의 유지들이 봉건을 결의하여 동년 10월 건축, 낙성하여 동년 12월 31일 이세대모에서 분령을 모셔다가 제사를 지내어 조치원의 수호신으로 삼아서 매년 6월 1일에 대례제사를 지낸다. 신사 경내에는 해마다 여러 가지 나무와 꽃을 심어서 북쪽은 조치원공원으로 만들어 사계절 시민들의 휴식처가 되었다."

주권을 빼앗고, 땅도 점거하고, 이제는 정신마저 지배하려는 의도로 조선인 마음의 고향이었던 곳에 일제는 신사를 만들고 주변을 공원으로 조성하였기에 이에 저항하는 의도로 신사 이미지는 줄이고 원래 명칭을 지속적으로 부른 것이다. 이곳은 신궁이 아니라 가을의 달빛을 보는 침산공원이라고 외쳤던 것이다. 시의적절한 표현이라 긍정이 된다.

위 기록으로 유추할 수 있는 또 하나는 신사의 위치이다. '신사 경내에는 여러 나무와 꽃을 심고 북쪽에 공원을 만들어….' 라는 부분에서 신사의 위치는 지금의 충령탑이 있는 곳이 아니고 아랫쪽 정원으로 추정할 수 있다. 이는 토지대장을 보아도 확실히 확인할 수 있는 부분이다. 지

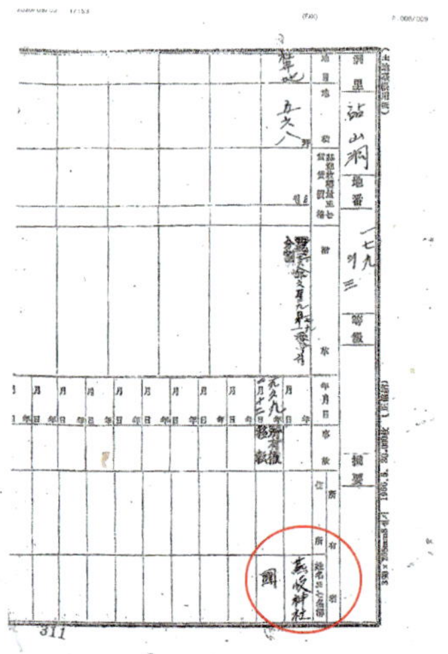

조치원 신사에 대한 기록이 나오는 『조치원발전지』 표지
침산공원 소유권이 조치원 구 토지대장을 보면
연기 신사에서 국으로 변하고 있다(69년 10월 1일)

금의 충령탑 아래 지번이 침산리 179-1인데 소유관계를 보면 '신사'에서 1969년 1월 12일 '국'(國)으로 전환되었음을 확인할 수 있기 때문이다.

## 지금의 충령탑이 있는 침산공원은 언제 만들어졌나

지금의 충령탑이 있는 침산공원은 언제 그 모습을 갖추었을까? 『추운실기』에서 맹의섭 선생은 5.16군사쿠테타 이후라고 기록하고 있다.

"해방 후에 일본인의 신궁 자리에 독립기념비를 건립하자고 계획 중이었으나 경비 문제로 연타 부진하였다. (~중략~) 5.16군사혁명이 무혈 성공한 후에는 독립기념비보다 6.25동란에 국가 민족을 위하여 목숨을 바친 군경의 영령을 위하여 충령탑을 건설하자는 소리가 높아졌다."

침산공원 건립에 헌신을 한 김제원 형제 공덕비

당시의 분위기가 1968년 김신조의 청와대 습격 사건, 베트남의 전쟁 등으로 반공이 극히 고조되는 분위기이었기에 충령탑 설립은 더욱 추진력을 얻을 수 있었을 것이다. 침산공원 내 충령탑은 1969년 10월 1일 행정, 민간, 그리고 김제원, 창원 형제 같은 지인들이 힘을 모아 세워지게 된다. 충령탑에는 372인의 호국영령 이름이 새겨져 있고, 봉안소에는 지역 출신으로 전쟁에서 전사한 군인, 경찰 등 706명의 위패가 봉안되어 있다. 더불어 봉안소 앞 좌우로 연기군 출신 독립의열명사숭모비와 조국통일기원비가 세워지고, 이후 김제원 · 창원 형제의 송덕비, 그리고 최근에 보훈의 빛 탑까지 설립되었다. 당시 심었던 메타세콰이어는 이제 하늘을 덮는 거목이 되어 공원을 조용히 지키고 있다. 동산이었다가 신궁이 되었다가 이제 호국영령을 기리는 장소로 변한 것이다.

## 시간이 멈춘 곳에서 가을밤 달을 한번 보러 가야겠다

침산공원에 오를 때마다 느끼는 것이 있다. 조치원 시내는 점차 공터와 녹색 공간이 줄어드는데 이곳은 점점 더 짙어지고 깊어진다는 것이다. 세상은 시대에 따라 잘도 변하고 있는데 이곳은 시간이 멈춘듯 고요하다. 이제 어디에서도 쉽게 찾기 힘든 안정된 숲이 되었다. 아마도 나라를 위해 헌신하신 분들의 혼이 살아있어서 그런지도 모르겠다. 시간이 지나면 지날수록 그 진가는 더욱 빛날 것이다.

한가지 바람이 있다면 충령탑 제단의 위치 변경이다. 지금의 구조는 조국통일기원비와 독립의열숭모비를 좌우로 하는 계단을 올라 호국영령에게 분양하는데 이제는 호국영령뿐 아니라 독립 유공자를 비롯한, 조국의 통일을 기원하는 분향을 했으면 한다. 침산공원이 반공을 위시로 한 호국영령에서 국한되는 것이 아니라 더 넓은 의미의 독립 유공자, 지역과 나라를 지킨 분들까지 포함하는 기념 공원이 되었으면 한다.

이제 계절이 익어가는 가을이 되면 우리 한번 시간을 잊은 침산에 올라 은은한 달빛을 만나보자!

# 그곳에는 용(龍)이 살고 있을까

– 연기 제4경 용당기암(龍塘奇岩)

## 세종시에 용의 전설이 살아있는 곳이 있다

용에 대한 첫 기억은 초등학교 때였다. 소풍가는 날이면 비가 오는 경우가 많았는데, 그 이유가 이랬다. 천년 묵은 이무기가 용이 되려 하늘에 오르는데 학교 소사(1970년대 학교를 관리하던 사람)가 몰래 그것을 봐서 하늘에 오르지 못하고 다시 땅에 떨어졌다는 것이다. 그래서 학교에 좋은 행사가 있으면 심술이 나서 비를 내린다는 것이다. 하여 어린 시절 소풍 가는 날 비가 오면 우리는 늘 학교 소사 아저씨를 원망하곤 했다. 성장하여 소풍날 비를 내리는 용 이야기는 약간 다르지만 각 학교에 거의 전해지고 있었다는 사실을 알았을 때는 픽 웃음이 나왔다.

농경 정착 생활을 주로하는 문화에서는 용에 대한 전설과 지명이 다양하게 전해진다. 마을의 우물에서, 둠벙에서, 강가의 소(沼)에서 여러 가지 버전이 있다. 용강(龍江) · 용연(龍淵) · 용담(龍潭) · 용추(龍湫) · 용소(龍沼) · 용정(龍井) 같은 용과 관련된 지명이 이에 해당한다. 한자어 용(龍)은 고유어인 물을 뜻하는 '미르'의 한자식 표현이라 본다면 용

금남면에서 바라본 용댕이산

에 관련된 다양한 표현들은 물을 신격화한 표현일 것이다. 자연의 물(水)이 신으로 표현될 때는 용이 되는 것이다. 비에 의존할 수밖에 없는 농경사회에서 용은 중요한 신으로 격상되는 것이다. 가뭄이 심할 때는 기우제의 대상이 되기도 한다.

세종시에 용(龍)과 관련된 지명을 가지고 기우제를 지냈던 장소이면서, 연기팔경 중 제4경인 곳이 있다. 연동면 명학리에서 합강리 오토캠핑장으로 가는 길에서 황우산이 금강 쪽으로 뻗은 줄기가 끝나는 곳인 용댕이산(97.6m)이 바로 그곳이다. 금강의 물길이 매포에서 부강 금호리를 휘돌아 흐르다 금남면 부용리 부용봉을 만나 역방향으로 휘돌아 흐

용탱이 매운탕 주차장에서 본 용당

르다 만나는 곳이다. 용댕이산(97.6m)은 바위산이라 금강의 물길이 이곳에 이르면 부딪쳐 그 깊이가 수십 길 되는 소(沼)를 이루게 된다. 특이한 것은 대부분 용의 전설은 용이 되지 못한 이무기가 나오게 되는데 이곳에서는 실제 용이 사는 것으로 되어 있다. 아마도 바위산의 깊은 소에서 나오는 장엄하고 엄숙한 지형적인 특성 때문이 아닐까 추측해 본다.

이곳에 대하여 『여지도서』에서는 "용당(龍塘)은 내태에서 서낭당 고개를 지나 금강변에 위치하며 '용댕이'라고 부른다. 용당리는 관문에서 15리, 편호 18호이며 남자 35명, 여자 42명이 거주"하는 것으로 기록하고 있다.

## 용의 전설이 노래가 되다

1933년 발간된 『연기지(燕岐志)』에는 이 용당기암(龍塘奇岩)에 대하여 이리 노래하고 있다.

孤巖奇立俯龍塘 바위 하나 우뚝 솟아서 용당을 굽어보니
龍去塘流巖獨蒼 용은 간데없고 물은 흘러 바위만이 홀로 푸르르네.
復有垂楊頻科楫 축 늘어진 수양버들 절하듯 드리우니
東風吹似起元章 동풍이 불어와 원 모습으로 일으킨다.

— 탄유(灘臾) 임영철(林營喆)

하지만 지금은 기억만 있을 뿐 그 경관을 느끼기에는 쉽지 않다. 대청댐이 생겨 과거처럼 크고 강한 물길이 없어지고, 하구둑이 생겨 밀물 썰물의 영양이 감소되어 토사로 인해 지형이 바뀌었기 때문이다. 더욱이 4대강 사업으로 인해 자전거 길이 생기면서 졸지에 음습한 주행 주의 구간으로 변하였다. 용댕이 매운탕 식당 옆 합강 양수장에서 백천까지 구간 중 바위산으로 된 산기슭이 그곳이다. 한때는 마을 신앙의 성소였으며, 금강을 오가는 사람들에게는 바위 산이 가지는 웅장한 엄숙함으로 감탄을 자아내는 자연경관이었는데 이제는 그저 자전거 길을 위한 테크길 주변으로 전락했다.

## 세종시 금강변 문화에 대한 안내판을 만들자

4대강 사업으로 인해 세종시 금강 문화는 싹 지워지고 새로운 지명들이 지도를 차지하고 있다. 합강섬 꽃나루는 강산공원, 동진나루는 한나

자전거 도로에서 본 용댕이산 기암들

래공원, 앵청이 나루 앞은 한글공원으로 개명되었다. 오랫동안 살았던 지역민들의 삶의 문화가 졸지에 뿌리없는 공원으로 둔갑한 것이다. 이 문제는 바로 잡아야 할 지역의 큰 과제이다. 지명이 살아 있을 때 문화도 역사도 복원이 가능해 질 것이다.

장기적으로 이 일을 해야 하지만 지금 당장은 용암기암 구간에 안내 간판이라도 세웠으면 한다. 이곳은 연기팔경 중 제4경인 용당기암(龍塘奇岩)과 제5경인 금강귀범(錦江歸帆)이 겹치는 지역이기도 하다. 향토 역사와 문화를 기억하는 것은 후손에 대한 우리의 숙제이도 하기에 이곳이 가지는 의미를 설명하는 안내판이라고 세웠으면 한다. 안내 표지라도 있으면 바위산 자전거 테크길이 지역의 새로운 문화 콘텐츠가 되어 다가올 수 있을 것이다.

# 세종시에서 다시 금강귀범(錦江歸帆)을 볼 수 있을까

– 연기 제5경 금강귀범(錦江歸帆)

## 연기지에 실린 금강귀범의 모습

금강귀범(錦江歸帆)은 세종지역 금강에 저녁 노을에 비친 귀선하는 바닷배의 장관을 말한다. 철도가 놓여지기 100년 전만 해도 자연스러운 풍광이고 일상이었는데 지금은 그 모습을 찾아보기 힘들다. 1933년에 발행된 『연기지』에서 용은(龍隱) 임병수(林炳琇)는 그 모습을 이렇게 그리고 있다.

日送孤帆錦浦歸 해 저무니 배 한 척 강포구에 돌아오는데
檣烏時與渚飛鷗 때마침 까마귀 하나 돗대 위에 앉으니 물가에 갈매기 놀래어 나른다
烔波十里蒼茫外 물길 십리 아득한 강물 밖에
一曲漁歌美夕歸 어부가 한가닥 고운 석양에 빛나네

– 용은(龍隱) 임병수(林炳琇)

1900년 미국 선교사가 찍은 부강포구 모습(부강면지, 2016년 발행)

연기 제5경인 금강귀범에 대한 시를 읽고 있노라면 지금은 상상하기 어려운 풍경들이 많이 있어 당시 상황에 대한 이해가 필요해 보인다. 시의 제1연에 "해 저무니 배 한 척 강포구에 돌아오는데"라는 말이 나온다. 나루터는 강을 건너다니는 곳을 통칭하고 포구란 바닷배가 들락거리는 장소를 일반적으로 말하는데, 그럼 세종 금강지역까지 바닷배가 들어 왔다는 말이 되는 것이다. 세종 지역은 내륙지역이라 알고 있기에 이곳에 바닷배가 들어왔다는 말이 쉽게 수긍이 되지 않는 대목이다. 지금의 세종지역 금강 강바닥은 바닷배가 다니기에는 수로도 작고 깊이도 낮아 쉬워 보이질 않는다.

## 금강귀범을 이해하기 위해 과거로 돌아가다

그런데 왜 시에서는 그리 노래했을까? 대청댐이 생기기 이전 모습과 금강 하구둑이 생기기 이전으로 시간을 되돌려 생각해 본다면 가능할 수도 있겠다. 바다에는 달의 영향으로 밀물과 썰물이 하루에 두 번씩 교체를 하는 자연 현상이 있다. 바다에서 밀물일 때 금강 본류와 미호천을 통해 내려오는 물의 양이 합쳐지면 그 수량과 면적은 지금과는 다른 모습이었을 것이다. 시의 제3연에 "물길 십리"라는 표현은 강의 폭에 대한 당시의 상황 표현일 것이고, '해 저무니 배 한 척 돌아오는데'라는 말은 그 시기가 바다에서는 밀물의 때를 말하는 것이기에 바닷배가 거슬러 오르는 모습을 사실적으로 묘사한 것이라 할 수 있다. 지금처럼 철도나 도로가 잘 정비되지 않은 시기에는 수운이 절대적인 운송 수단이었기에 여러 가지로 실제 모습의 표현일 수 있다.

▼ 금강제방에서 바라본 부강포구 추정지 및 퇴뫼산성

## 부강포구 일대의 자연지리 조건

세종의 부강지역과 금남면 일대의 지명은 포구로서 적합한 자연지리 조건을 설명해주기도 한다. 현 부강면은 과거 청원군 부용면 소속이었고, 부강지역 앞의 금남면 지명은 지금도 부용리이다. 두 마을 지명은 풍수지리적 입장에서 지어진 이름으로 파악된다. 부용이라는 말은 물 위에 떠 있는 연꽃을 지칭하는 말로 이 지역이 금강의 물길을 휘돌게 만드는 지형 위에 있다는 뜻이다. 그러므로 부강포구는 안동의 하회마을 같은 지형이 앞과 옆으로 자리잡고 있다는 말과 같다. 금강의 물길을 피해 배들이 정착하기 좋은 바닷가의 만(灣)같은 위치이다.

이런 자연적 조건의 지형으로 인해 부강은 예부터 바다와 내륙을 연결하는 거대한 포구시장이 발달할 수 있었다. 흔한 말로 부강에는 "개도 지폐를 물고 다니고, 미역으로 행주를 하고, 북어포로 부지깽이를 한다"라는 말이 돌아다녔다. 바닷에서 나는 다양한 소금, 생선, 기름 등을 거래하는 곳이기에 부가가치가 높았을 것이고, 시장 형성은 이차적인 문화도 더불어 발전시켰을 것이다. 부강에 있는 한화L&C 공장도 초창기에는 비닐, 장판 등의 석유 화학 제품을 만드는 곳이었는데, 그 이유가 원료인 석유를 쉽게 얻을 수 있는 지금의 장소가 최적이었기 때문이었다고 한다.

부강지역은 면 단위에서는 보기 드문 국가급 문화재인 홍판서 가옥, 부강성당이 있고, 남성골산성, 퇴뫼산성 등 많은 산성이 있으며, 심지어 나이트클럽까지 있었던 곳이다. 이같은 문화재와 산성 그리고 문화 시설은 단지 부강지역이 면단위 촌락이 아니라 그 예부터 나름의 지정학적 위치로 인한 바다와 내륙을 연결하는 포구시장의 역사를 지니고 있다는 의미가 된다.

## 부강지역은 언제부터 사람이 살았을까

부강지역의 오랜 역사를 대표하는 곳을 들라면 노고봉이란 산명과 퇴뫼산성을 들고 싶다. 노고봉은 부강 동서쪽 봉우리 산이고, 퇴뫼산성은 부강포구가 있었을 것이라고 하는 부강중학교를 감싸고 있는 낮은 산을 연결한 토성이다. 노고봉이란 이름은 우리 민족이 가지고 있던 삼신할미 전승의 잔해 기록이라고 볼 수 있다. 삼신신앙은 국가 형태를 갖추기 이전 마을국가 형태부터 존재했다고 한다. 마을에 이런 산 지명이 있다고 하는 것은 이 마을이 삼국시대나 고조선(마한)시대 이전부터 어쩌면 나름의 공동체를 이루는 사회 체계가 있었다는 것을 추론할 수 있는 단초가 된다.

퇴뫼토성의 경우 지표 조사 결과에는 삼국시대의 유물이 나온 것으로 말하고 있지만 부강포구의 배후 산성이라고 산정하고, 미호천을 따라가다 볼 수 있는 세계 최초의 벼농사 유물이 발견된 소로리 유적, 마한시대의 항구성으로 추정되는 정북동 토성, 3만 전의 장례문화라는 흥수아이가 발견된 두루봉 동굴, 옥천의 선돌 유적, 금강 주변에 널린 고인돌과 연동해서 본다면 또 다른 의미의 토성이 될 수 있을 것이다.

신채호 선생은 '나라'의 어원을 나루에서 왔다고 한다. 신석기시대 기후의 온난화로 인간은 강가에서 정착하게 되고, 그곳에서 나름의 씨족, 부족 공동체를 이루면서 다른 공동체들과 교역을 하게 되는데 그 교역의

부강지역 산성 안내도

중심이 금강 내륙에서는 부강포구가 되지 않았나 생각해 볼 수 있는 것이다. 부강의 퇴뫼산성은 학교가 들어서고, 아파트가 들어서서 그 원형을 찾아보기 힘들지만 토루 등의 흔적으로 보아 이곳은 포구의 배후 산성이었을 것이고, 삼국시대 이전의 마을 국가로서의 기능을 했다고 추론해 볼 수 있는 것이다.

## 세종시 금강문화 복원 청사진이 필요하다

미호천을 거슬러 올라가다 만나는 정북동 토성을 가본 적이 있다. 여러 차례의 발굴 성과를 토대로 복원을 해 놓은 모습이 출사들 사이에서 아주 멋진 장소로 각광을 받고 있는 곳이다. 입구에 '마한의 꿈'이란 현수막도 역사성의 근거를 추론하는 매력을 가지고 있었다. 어찌보면 퇴뫼산성의 1/10 크기이지만 복원해 놓은 모습은 부러움의 대상이었다. 만약 퇴뫼산성을 내륙 포구의 배후산성으로, 금강범선의 정착지로 연동해 이곳의 원형을 복원한다면 새로운 세종시의 정체성을 찾을 수 있을 문화버전이 될 것이라 생각이 든다. 세종시는 행정수도의 기능도 있지만 기존 도시 개발과는 다른 도시를 꿈꾸며 시작된 도시이기에 이런 작업이 필요하다고 본다. 요즘 세종시의 개발이 서울을 닮아가고 있다는 안타까움이 들어 더욱 그러하다. 세종시는 금강변 문화 복원도의 청사진을 가질 때 그 정체성이 분명해질 것이다.

▼ 미호천 인근에 있는 마한시대로 추정하는 정북동 토성

# 고려산성에 올라 차령고개를 넘는 발걸음을 보다

– 연기 제7경 고려고성

## 맹의섭 선생이 고려고성을 노래한 사연

一片荒凉古國城 황량하게 남아있는 옛 성터인데
高麗天載尙遺名 천년 고려사직 아직도 유명하다
行人欲問前朝事 행인은 전조의 일을 묻고 싶어 하는데도
老石無言立水聲 이끼 낀 바위 돌만이 물속에 서서 있네

– 市隱 孟義燮

이 시는 맹의섭 선생이 연기팔경 중 제7경인 고려고성(高麗古城)을 노래한 것이다. 고려고성은 세종시 북쪽 소정면 고등리와 대곡리에 있다. 둘레가 250m에 퇴뫼식 토석혼축성으로 되어 있다. 축조 시기는 삼국시대이고, 역사적 용도로는 백제 부흥군 근거지로 쓰였고, 기우제를 드리는 장소로, 고려 태조 왕건의 사당이 있던 곳이라 알려져 있다. 고려산성이라 불리는 것도 몽골 제국의 내분에 의한 합적단이 침입했을 때 그들을 몰아내고, 이것이 조상의 은덕이라 하여 이곳에 고려 태조의 사당을 지어서 그리 불리게 되었다고 한다. 현재는 첨단 일반산업단지 건

고등리 마을에서 바라본 고려산

물들에 눌려 초라한 시골 야산 같은 모습이고 그저 금북정맥 마루금 길을 걷는 사람들의 표지들만이 펄럭이고 있을 뿐이다.

고려고성은 맹 선생이 임의로 작성한 연기팔경 일차 결집에서는 제외되었다가 지역 유생들의 의견을 취합하는 과정에서 새로이 포함되었다. 천년 고려사직 명성만 있고 지금은 쓸쓸한 이곳을 전의 · 소정 지역 유생들은 왜 지역 대표 경관으로 추천했을까?

## 서거정(1420~1488)의 문학작품에 나타난 전의 · 소정면

고려고성의 가치를 알려면 경부선 철도 건설 이전의 시간으로 돌아가야 제대로 그 맛이 난다. 철도 부설 이전의 전의 · 소정면 지역 특색을 잘

천안에서 공주로 가는 방향에서 본 차령고개

설명하는 문학 작품이 있다. 동국여지승람에 실린 조선 전기 사람인 서거정(1420~1488)의 칠언절구로 된 「전의제시(全義題詩)」이다.

地分車峴自東西(지분차현자동서)
땅은 차현을 나누어 절로 동과 서를 이루고
路入全城高復低(노입전성고부저)
길은 전성에 접어들어 높고 낮고 한데
山勢周遭圍近郭(산세주조위근곽)
산세는 빙 돌아들어 성곽을 에워쌌고
樹陰繚繞護長堤(수음료요호장제)
숲 그늘은 얽혀 둘러싸 긴 언덕을 보호하네
— 임정기 번역

제1연에서 나오는 차현은 차령고개의 한자 표기로 금강과 삽교천을 가르는 금북정맥 산줄기 중 전의와 공주 그리고 천안의 경계를 이루는 고개이다. 동서를 가른다는 말은 김춘추가 당나라를 갈 때 사용한 항구, 청일전쟁이 일어난 장소, 외국 선교사들이 들어왔던 개항지인 내포 지역과 천안을 중심으로 하는 내륙을 구분한다는 기준이란 말이다.

제2연에 나오는 전성은 지금의 전의 · 소정의 옛 이름으로, 이 지역의 길이 높고 낮았다 한다는 말은 서울에서 호남으로 가는 삼남대로 중 차령고개는 사람들의 발걸음을 머물게 하는데 그 배후도시의 모습을 설명하고 있다. 배후도시의 기능은 군사적 의미까지도 가지게 한다. 즉 전의 · 소정은 남북으로는 서울과 호남을, 동서로는 내포와 내륙을 교차하는 지정학적 위치에 있다는 말이 된다.

제3연에서는 전의 · 소정지역의 산세를 말하고 있다. 그 산세가 빙 둘러있고, 곳곳에 성곽이 있다는 것이다. 이 말은 두 가지 의미가 내포하

차령고개 정사부에 있는 표지석

삼남대로에서 전의로 들어오는 덕고개 표지석

고려산성 정상 중앙에 있는 돌탑과
산행을 했던 사람들 표지

고 있다. 자연 지형으로 외부로부터 보호될 수 있는 조건과 자족할 수 있는 경제적 조건을 전부 가지고 있다는 말이다. 이런 자연 지리적 조건으로 인해 전의 · 소정 지역은 오래전부터 사람들이 살 수 있었고, 자체 역사와 문화를 창출할 수 있었던 것이다. 마한시대에는 중심이었던 목지국 인근 성읍국가가 되고, 백제 부흥운동 시기에는 전씨들이 국보가 된 비석들을 만들었으며, 고려 개국 때는 이도(李棹)라는 분이 개국공신으로 전의 성주로 임명되었다.

제4연에서는 전의 · 소정지역의 고개와 능선이 깊은 숲으로 형성되어 있음을 암시하고 있다.

## 고려산은 정신적인 고향이며,
## 지역의 중심역할을 하는 장소가 되는 또다른 표현이다

오랜 역사를 가진 전의·소정 지역은 자연스레 공동체를 유지 운영하는 방안을 꾀하게 된다. 그 방법으로 마을 북쪽에 있는 상징적인 산에 제단을 쌓고 자연과 조상에 제를 지냈던 것이다. 그곳이 바로 지역의 조산이 되는 월조산 옆 고려산이었다. 고려산에 산성을 쌓고 그곳에서 군사적 차원에서는 차령고개로 가는 사람들의 발걸음도 보고, 공동체 단합을 위해서는 조상신과 자연에 제를 올린 것이다.

이는 이곳이 정신적인 고향이며, 지역의 중심 역할을 하는 장소가 되었다는 다른 표현이다. 이런 사람들의 마음이 아직도 지역에 남아 있어 아마도 고려산성을 연기의 제7경으로 선정한 것이 아닌가 싶다. 고려고성은 그런 의미에서 볼 때 그 가치가 살아난다.

전의현 군현지도는 산줄기와 물줄기로 지역의 자연지세를 보기에 특징을 잘 표현하고 있다

# 아침을 깨우는 비암사의 새벽 종소리를 들어보자

– 연기 제8경 비암만종(碑庵晩鐘)

비암사 삼층석탑에서 발견된 계유명전씨아미타삼존불상(국보108호)

## 국보가 발견되어 유명해진 비암사

비암사는 세종시의 대표적인 사찰이다. 세종시 전의면 외곽에 고즈넉하게 자리를 잡고 있다. 국보가 삼층석탑 상단부에서 발견되어 더욱 유명해진 곳이다. 더욱이 비암사를 시작으로 서광사 등 연달아 발견된 유물들은 '연기불비상'이라는 한국 불교 미술사의 독특한 위상을 보여줌으로써 그 의미는 더욱 커진 곳이다. 더불어 이곳이 연기지역 아름다운 풍광을 노래하는 연기팔경 중 제8경인 비암만종(碑庵晩鐘)을 간직한 곳이라 여러모로 그 가치를 풍성하게 하는 곳이다.

연기팔경 중에 '비암만종'이 나와서 의아하게 생각한 적이 있다. 비암사가 유명해진 것이 삼층석탑에서 발견된 국보 108호(계유명전씨아미타불비상)라 생각하고 있었는데 그 시기가 앞당겨지기 때문이다. 『추운실기』에 의하면 연기팔경의 제정은 일제강점기 때라고 상정할 수 있는데, 이 시기에 비암사가 나온다는 말은 오래전부터 비암사가 지역 내에서 나름 대표성을 가졌음을 알 수 있게 한다.

▼ 비암사 계단을 오르며 보이는 경관이 계단-삼층석탑-극락보전 순이다.

## 극락보전이 동선의 중심으로 있는 사찰

처음 비암사를 가본 것은 1990년대 초 한겨레신문 대금 수금을 위해서였다. 당시 온라인이나 지로가 활성화되지 않았기에 직접 수금을 하러 다녔다. 당시 기억으로 비암사는 전의면의 인가에서 한참 떨어진 깊은 숲속에 있었다. 인가에서 많이 떨어진 이 산사의 주지 스님이 1987년 6월 항쟁의 열기로 만들어진 한겨레신문을 구독하고 있었기에 정기적으로 방문해 수금을 해야만 했다.

지금은 다비숲 정리사업, 도로 포장 등으로 갓 이발한 것처럼 단아하고 정결한 모습이지만 당시의 기억은 좁은 산길을 오토바이 타고 한참을 올라가야 나오는 외딴곳의 사찰이었다. 오토바이를 세우고 걸어 그리 높

▼ 비암사 종각 측면에서 바라본 경내 전경. 대웅전이 중심의 좌측에 있다.

지 않은 돌계단을 오르면 옆으로 오래된 나무 그늘이 있고, 앞으로는 삼층석탑과 극락보전이라는 커다란 건물이 보였다. 극락보전 좌측 옆으로 한 계단 높은 곳에 대웅전이 있었고, 극락보전과 대웅전 사잇길 뒤 높은 곳에 사당 같은 알록달록 산신각이 있었다.

비암사는 다른 사찰과는 좀 다르게 극락보전이 동선의 중심에 있는 것이 특징이다. 대개의 사찰은 화신불인 석가모니를 본존불로 하는 대웅전이나 법신불인 비로자나불을 본존불로 하는 대적광전이 중심을 이루는데 비암사는 사후 세계를 관장하는 아미타 부처님을 본존불로 하는 극락보전이 그 중심을 이루고 있다. 이는 사찰의 많은 역할 중에 비암사는 죽은 이를 기억하고 극락왕생을 염원하는 사찰로 특화되었다는 말과 같다. 이런 것을 증명이라도 하듯이 매년 양력 4월 15일(원래는 음력인데 행사 편의를 위해 양력으로 고정)에는 백제 역대 왕과 대신 그리고 백제의 부흥을 위해 숨진 이들을 위로하는 백제 대제라는 큰 행사가 이곳에서 이루어진다.

이런 의미를 알고 있어서인지 비암사에 갈 때마다 왠지 모를 숙연함을 느낀다. 나라를 잃은 백제 유민의 슬픔 그리고 부흥 운동을 하다 숨진 일가 친척의 넋이라도 좋은 곳에 가기를 바라는 간절한 기원이 느껴지기 때문이다. 장소와 시기는 다르지만 동학 농민의 마지막 넋이 잠들어 있는 공주 우금치를 가서 느끼는 것처럼, 5.18 광주 민주 항쟁의 넋들이 모셔진 망월동 묘지를 가는 것처럼, 어린아이들의 마지막 음성이 남아 있는 팽목항에 가는 것처럼 비슷한 감정이 일어난다.

## 유교식 세계관으로 본 비암만종(碑庵晩鐘)

그런데 연기팔경 중 '비암만종(碑庵晩鐘)'의 저자들은 비암사가 가지는 이런 불교 사찰의 기본적 의미보다 좀 다른 유교식 세계관을 바탕으로 한 일상을 그려내고 있다. 비암만종의 저자들은 사찰에서 치는 만종의 의미를 부처님의 가르침이 널리 퍼지게 하려는 의미와 지옥 중생을 구제한다는 뜻보다 유교식 생활 방식을 중심으로 사찰의 종소리를 듣는 입장에서 풍광을 노래하고 있다. 더욱이 만종(晩鐘)의 문자적 의미가 저녁 종소리인데도 아침을 깨우는 새벽 종소리에 초점을 맞추어 시상을 전개하고 있다.

1933년 발행된 『연기지』에서 회운(晦雲) 윤철식(尹哲植)은 비암만종(碑庵晩鐘)을 이리 노래하고 있다.

▼ 비암사 저녁 예불을 알리는 범종 타종

碑庵禮佛曉鳴鐘 비암사의 아침 예불 새벽 종소리 울리는데
聲徹靈區立立峰 소리는 절안에 번지고 산 봉우리에도 울려퍼지네
更有村鷄隨後唱 그 위에 촌 닭이 뒤따라 소리치니
喚醒舜跖各相從 잠깨니 이사람 저사람이 서로 따라 일어나네

— 회운(晦雲) 윤철식(尹哲植)

일반적으로 팔경시에 나오는 만종(晩鐘)에 관한 시는 어스름 저녁의 일상을 마무리하는 풍광을 펼치는 것이 보편적인데 왜 연기팔경의 만종에 관한 시상은 아침을 이야기했는지는 잘 모르겠지만 비암사가 삼층석탑에서 발견된 국보 시기 이전부터 지역의 대표적인 사찰이었다는데 그 의미를 두고 싶고, 사찰이 가지는 동네의 시계탑 역할에 만족을 해야 할 것 같다.

## '연기불비상' 박물관 세종시에 만들자

한편으로 필자는 비암만종에 대한 새로운 한시가 나왔으면 하는 바람은 가져본다. 비암사는 백제 왕과 부흥 운동을 한 분들의 넋을 기리는 백제 대제가 거행되는 곳이고, 당시의 시대상을 기록한 국보 108호(계유명전씨아미타불비상)가 발견된 곳이기도 하기에 불교식 범종의 의미를 담아 지역의 정체성을 표현할 수 있는 한시(漢詩)가 있으면 한다. 그럴 때 진정한 비암만종의 시적 표현이 되는 것이 아닐까 한다.

주제와는 조금 벗어날 수 있는 소망을 더 피력하자면 이제는 지역 밖으로 나가 있는 국보와 보물을 다시 들여와 '연기불비상' 박물관을 신설

했으면 한다. 과거 연기군 시절에는 군세가 약하여 운영하기에 부담이 되었지만 지금은 특별자치시도 되고, 다른 주제의 박물관이 들어서고 있는데 정작 우리 지역의 유물들을 계속 외지에 방치하는 것이 좀 외람스럽기 때문이다. '연기불비상'이란 세종 지역 문화유산 주제는 세종 지역만이 가지는 독특한 특성을 가지고 있기에 이런 문제 의식을 가지는 것은 당연할 것이다. 1,500년 전 연기지역의 주민들이 연기불비상을 만들었다면 지금의 세종시 후손들은 그 의미를 잘 보전하고 의미를 되새기는 활동을 해야 하지 않을까 한다. 우리가 해야 할 꼭 필요한 시대적 과제일 것이다.

## 5부 세종시 마을 풍경들

• 무형문화로 바라본 세종시 단무지

• 세종시 학마을은 살아남을까

• 금강변 마을, 나성리를 가다

• 금강변 마을, 양화리를 가다.

• 금강변 마을, 연기리를 가다

• 금강변 마을, 합강리를 가다

# 무형문화로 바라본 세종시 단무지

## 단무지 산업은 세종시가 국내 1위를 차지한다

“세종시에서 국내 1위를 차지하는 산업이 무엇인지 아세요?”

몇 년째 진행하는 ‘세종YMCA 강길산길’에서 진행자인 필자가 참가자들에게 하는 질문이다. 주로 이 질문은 세종시 하천 변화를 설명하기 위해 유도하는 말이었다.

“정답은 단무지 사업입니다.” 하면 참가자들의 반응들이 참 다양했다.

“짜장면이나 김밥을 먹을 때 함께 나왔던 단무지가 정말 세종시에서 생산된 게 맞아? 몰랐네!” 라는 놀라움도 있고,

“전국 일등이라면 거창하면서 멋져야 하는데 이게 뭐야!”라는 다소 실망 어린 표정도 있었다.

있는 듯 없는 듯 우리 식생활에 뿌리 깊게 자리잡은 이 단무지가 세종시와 인연을 맺은 지 근 100년이 되었다 한다. 복숭아와 더불어 세종시의 대표적 특산품으로 소개되기도 한다. 들어본 말 같기도 하지만 정확히는 알지 못하는 세종시 단무지에는 어떤 사연들이 있을까? 그 문을 한

번 열어볼까 한다.

농촌진흥청 농업기술포털 '농사로'에서는 단무지 품종을 이렇게 소개하고 있다.

'…(중략) 단무지 무를 소금 절임하여 식품회사로 납품하는 1차 가공업자들은 생산자들과 계약 재배로 단무지 무를 공급받는데, 충남 부여와 조치원은 전국에서 가장 많은 1차 가공업자들이 모여 있으며 이들은 멀리 강원도, 경기북부, 경상북도 등지의 단무지 무도 수집하여 가공한다.'라고 기술되어 있다.

세종시 농업기술센터 피옥자 님 1998년 발표 논문에서는 '현재 연기군의 단무지 공장은 4곳(절임 70여 곳)으로 전국 단무지 유통의 60%를 상회하고 있으며 1년에 소모하는 양은 24,000톤이나 된다'라고 기술되어 있다. 또한 농림축산식품부에서 발행된 '2019년 가공식품 세분시장 현황 보고서'에 따르면

"국내 절임 식품 생산량은 약 49만 톤, 생산액은 5,938억 원이며 2017년 국내 판매액 기준으로 절임류 생산업체 상위 6개사는 중소기업으로, 나머지는 식료품 제조 소기업으로 추정된다 …(중략)… 절임류 국내 판매액이 가장 높은 곳은 세종시 조치원에 있는 (주)일미농수산(약520억 원, 점유율 7.2%, 소매시장 점유율 30%)이다"라고 설명하고 있다.

세종시 서면에 있는 단무지 절임 탱크 시설

## 세종시 단무지 산업은 언제 태동되었을까

위 자료들만 보아도 쉽게 단무지 산업의 메카는 세종시 조치원이라는 것을 느낄 수 있지만 왜 세종시 조치원에서 단무지 사업이 태동되었을까? 근 100년이라는 기간 동안 어떤 변화들이 있었을까, 그리고 사람들의 삶에는 어떤 영향을 미쳤을까? 를 알아보면 그 안에 생계 수단이나 경제적 관계를 넘어 하나의 독특한 문화가 있지 않았을까 한다. 삶이 곧 역사고 문화이기 때문이다.

세종시 단무지 산업의 태동을 보려면 하천의 지형 변화를 살피면 어느 정도 이해할 수 있다. 세종시 하천변 모습은 크게 네 번 정도 바뀌었는데, 일제 강점기 시절 제방을 쌓기 전 · 후, 대청댐 건설 전 · 후, 사대강 사업 전 · 후이다. 일제 강점기에 제방을 쌓기 전에는 세종시 많은 부분이 인가까지 습지 지대였다. 조치원 읍내, 세종시 장남들판, 금남면 대평리 일대는 농지라기보다 억새풀이 무성한 강가 습지였다. 제방을 쌓고 난 후부터 제내지(堤內地)는 논과 밭으로 개간되고, 제외지(堤外地)는 면사 생산을 위해 뽕나무가 식재되거나 소규모 화전농으로 활용되었다. 시간이 흐르면서 논에 물을 확보하기 위해 지류 하천에 보(堡)를 쌓고, 도심 식수 확보를 위해 대청댐이 생기면서 세종시 제외지에도 변화가 왔다. 퇴적 사질토가 쌓이면서 넓은 하천 부지가 생긴 것이다. 이 하천 부지에 여름 집중 호우로 인한 피해가 적은 작물들을 대대적으로 심을 수 있게 되었는데, 그것이 단무지 사업을 위한 식재료 공급의 단초가 된 것이다. 1970년대 중반 어린 시절을 회상해보니 바로 이해가 되었다. 조천(鳥川) 변에 나가면 넓은 다꽝무(당시는 그렇게 불렀다)가 김장 배추와 함께 심어져 있었고, 조치원 번암리를 중심으로 파란 색칠을 한 깊은 콘크리트 절임통들이 이곳저곳에 있었기 때문이다. 지금 하천변에서 봄 감자나 가을 무를 볼 수 없는 것은 사대강 사업 때문이다. 단무지 무를 심던 하천부지(제외지) 농사를 불법으로 규정하여 그리 된 것이다. 지금은

조천변에 오디가 달린 뽕나무

하천변에 자전거 도로만 보인다. 지금의 하천 모습만 보면 세종시와 단무지 사업이 쉽게 연동되지 않을 것이다.

## 세종시에서 처음으로 단무지 사업을 시작한 사람은 누구였을까

이런 하천의 자연조건과 철도 교통물류라는 우월적 입지 조건으로 세종시에서 처음으로 단무지 사업을 시작한 분은 누구였을까? 은하식품 최원복 님 진술에 의하면 김인태 님과 노원동 님이라 한다. 그들의 첫 작업장은 지금의 조치원 번암리 홈플러스 도로 건너편(전 번암리 이장 변영길님 구술)이라고 전한다. 김인태라는 분은 일제 강점기 시절 일본인의 기업에서 일을 하셨다고 하는데 그때 일본 음식인 다꽝(단무지)의 절임 기술을 배워, 이후 사업으로 전개한 것으로 추측해 볼 수 있다. 당시는 다꽝(단무지)이 주된 사업은 아니었고, 누에고치에서 생사를 추출하는 것이 주된 사업이었던 것 같다. 왜냐하면 당시 조천변에는 뽕나무가 많

세종시 단무지 첫 작업장 추정 지역(조치원 번암리 홈플러스 건너편)

이 심어져 있었는데 이는 생사를 생산하는 누에고치 먹이였고, 당시 조치원 소재 기업들을 보면 생사 관련 기업은 있어도 단무지 관련 기업들이 없기 때문이다. 기술을 전수 받아 소규모 가내 수공업 정도로 유지한 것이 아닌가 싶다.

한동안 잠복기를 거쳐 세종시에서 단무지 사업이 본격화 된 것은 새마을 운동과 맞물리는 1970년대부터라고 한다. 당시는 국가에서 분식을 많이 장려하던 시기였다. 밀가루 음식은 싸게 빨리 먹을 수 있는 식사 대용이었지만 식후 더부룩한 느낌을 주는 불편함이 있었다. 무의 소화 효소는 이런 분식의 불편함을 줄여준다 하여 수요가 높아지게 된 것이다. 이런 시장의 필요성, 기존에 보유하고 있던 기술력, 조천의 자연조건, 그리고 국가의 지원사업이 맞아떨어져 단무지 산업이 급속도로 팽창할 수 있었다. 1988년 발행된 연기군지(燕岐郡誌)에 보면 우수 새마을 특별 지원 사업으로 단무지 공장 지원 사업 6건이 있는 것(연기군지 391쪽)으로 나오고, '토산'편에는 "동면에 있는 단무지 단지는 200ha의 면적에 연간 11,000N/T를 생산하고 있고, 3억 3천만 원의 소득을 얻고 있다"라고 기록되어 있는 것으로 보아 세종시 단무지 사업은 1970년 새마을 운동과 더불어 도약, 확산된 것으로 짐작할 수 있다.

## 세종시 단무지와 일본인의 다꽝은 다르다

당시 세종시에서 생산된  단무지는 일본인이 전수한 다꽝은 아니었다. 일본인이 전수한 기술을 개량한 한국식 공장형 단무지였다. 일본인들의 다꽝 제법은 시일이 오래 걸리고 소규모 생산이라 신속한 대량 생

조치원 번암리에 소재하는 일미농수산 입구 간판

산이 어려웠다. 이에 반해 세종시 단무지는 초절임 방식으로 숙성 기간이 짧고, 대량 생산이 가능했으므로 공장형 방식으로 생산될 수 있었다. 무말랭이 간은 일본식 다꽝에서 식감이 아삭한 조선식 단무지로 개량된 것이다.

1980년대 후반 세종시 단무지 산업은 원료의 자급자족 환경에서 벗어나 절임 시설에 집중 투자하는 모습과 자동화를 기반으로 하는 대형 가공 공장이 등장하는 시기였다. 이 시기는 단무지 시장 수요가 이미 세종시에서 생산하는 단무지만으로는 부족하여 원료를 외지에서 구입하여 절임만을 전문적으로 하는 업체들이 필요했기에 이곳저곳에 생겼고, 그 중 서울에서 내려온 분(일미농수산 오영철 회장)에 의해서 대형 가공 공장이 설립되었다. 세종시 도시재생지원센터에서 발행한 '주민들이 만드는 우리 마을 이야기' 번암리 편에서는 그때를 이렇게 말하고 있다.

"심지어 단무지를 실어가는 트럭들이 공장에서 조천변 우회도로 근처까지 1차선을 차지하고 서너 시간씩 기다리는 진풍경이 벌어지기까지 했다. 하역과 물류를 지금처럼 포크레인 등 기계가 아니라 인력에 의존했기 때문에 벌어진 일이었다."

이때가 세종시 단무지 산업에 있어서는 최고 상한가 시절이었다. 도시화가 심해지고 산업화가 활성화 되는 시기인지라 단무지 수요도 더불어 수직적 팽창을 하여 높은 경제적 수익을 얻은 시점이었다. 다른 산업들도 그랬지만 힘들면서도 즐거운 비명을 지르던 시절이었다.

2000년 이후로 세종시 단무지 사업은 향토기업으로 굳건히 서는 기업과 끝내 유지 못하고 도산하는 소규모 업체들로 양분되는 양상을 보였다. 국내 절임식품 판매 1위를 굳건히 지키는 일미농수산(주) 같은 기업은 세종시 단무지 사업을 시대에 맞게 계승 발전하여 굳건한 향토기업으로 성장한 본보기이다. 지역의 향토기업으로서 지역의 고용(300명 정도)도 일정 부분 책임지고, 지역의 복지 문화에도 많이 기여한 모범적 표상을 보인 기업이다. 세종사회복지공동모금회 아너소사이어티 2호로 가입, 고려대 발전기금 1억 원 기부 약정, 해밀 학교 후원금 1억 원을 기탁하는가 하면 세종 문화원에도 매년 후원금을 기부하고, 행정수도 위헌 판결이 났을 때는 가장 먼저 2천만 원을 쾌척하여 투쟁의 마중물 역할도 했다. 이렇게 세종시에서 단무지로 시작하여 동종 산업 국내 1위의 기업으로 우뚝 선 향토기업이 있는가 하면 시대의 흐름을 잘못 파악해 도산하여 도심 경관을 해치는 절임 탱크만 소유하고 있는 업체들도 생겨났

조치원 번암리에 방치 중인 단무지 절임 시설

다. 방치된 절임시설은 우범지대 같은 슬럼화 양상을 보이기도 했다. 이렇듯 2000년 이후 세종시의 단무지 사업은 살아남은 기업과 도산하여 흉물 시설만 가지고 있는 업체가 상존하는 모습이다.

## 문화는 기록하는 자와 기억하는 자의 자기표현이다

이제까지 짧지만 세종시 단무지 산업을 개략적으로 훑어보았다. 지면의 한계, 자료의 부족을 절실히 느낀 기행이었다. 나름 의미가 있다면 좀 더 나은 자료와 기록을 남기기 위한 첫 걸음이었다는 것이다.

기회가 된다면 다음에는 단무지와 관련된 조천변 사람들의 삶에 대하여 이야기해 보면 좋겠다. 100년이라는 세월은 짧을 수도 있고 길 수도 있다. 그 속에는 하천부지에 의탁해 안착한 사람들의 애환도 있고, 욕심을 내다가 사기 당한 사람들도 있고, 열심히 일해 자식들 대학 보낸 부모

님들도 있을 것이다. 또한 함께 살아가려 하는 그들만의 공동체 규범도 있었을 것이다. 이런 것들을 모으고 정리하면 독특한 문화 흐름이 나오지 않을까 한다. 그 문화가 바로 세종시의 무형문화인 것이다.

세종시는 지금 아주 빠르게 변화하고 있다. 이런 변화 속에서 단무지 관련 무형문화도 잘 개발 · 보전해 간다면 좀 더 정체성(正體性) 풍성한 문화도시가 될 것이라 믿는다. 문화는 기록하는 자와 기억하는 자의 자기표현이라 했다. 세종시에서도 단무지를 매개로 생긴 무형문화를 체감했으면 좋겠다. 이 글이 단무지 관련 세종시 무형문화 추출을 위한 첫 걸음이 될 수 있기를 바란다,

# 세종시 학마을은 살아남을까

## 천연기념물로 오인한 들판의 커다란 하얀 새들

1970년대 후반이었다. 당시 중학교에 막 들어갔던 시기였는데 우표 수집이 친구들 사이에 유행이었다. 당시 우표 수집이 또래의 재테크 수단이었던 것으로 기억하지만 얼마나 모았는지, 언제 그만두었는지는 가물가물하다. 추억으로 아직 뇌리에 분명하게 남아 있는 것은 천연기념물인 학, 두루미, 황새 등이 우표 씨리즈이다. 이런 영향 때문이었는지 들녘을 지날 때 보이는 커다란 하얀 새을 보면 저것이 학인가 라는 생각이 스쳐 지나갔다. 그러면서 명색이 천연기념물인데 저리 흔하겠느냐는 의문도 가지게 되었다.

세종시 금남면 감성리에 필자 생각과 같은 모습의 마을이 있다. 동네 이름이 '학마을'이다. 마을 입구에 학마을 식당도 있다. 일반 사람들이 볼 때는 학처럼 커다란 하얀 새들이 파종기만 되면 집을 짓고 서식하니 귀한 복이 마을로 들어오는 것으로 생각했던 모양이다. 새들이 많이 오면 풍년이 들고, 적을 때는 흉년이 든다고 하여 마을 사람들은 이 새들을 잘 보호하였다고 한다. 마을이 조성된 것이 조선시대라고 하니 근 600년 넘게 그렇게 생활한 것이다.

## 일반 사람들에게는 들판의 모든 새들은 소중한 새들이다

그런데 마을 회관 앞에 보면 학마을이 아니 다른 표지석이 있다. 감성리 백로 서식지–충청남도 지정 기념물(1989.4.20.)이라는 비석이다. 일반 사람들이 볼 때는 같아 보이는데 좀 자세히 보면 다른 조류인 것이다. 기본적으로 두루미(학)와 황새는 겨울 철새이고, 백로와 왜가리는 여름철새이다. 일반적으로 여름에 논에 있거나 강가 낮은 곳에 있는 하얀 새들은 백로류들이다.

감성리 백로 왜가리 서식지 모습

요즘은 기후변화 때문에 강이 얼지 않아
텃새로 인식되기도 하지만 말이다.
겨울 철새인 두루미(학)는 사실 겨울철에도
흔히 볼 수 있는 새는 아니다. 장남들판에
두루미가 나타났다는 기사가 많은
사진작가와 탐조인들에게
큰 뉴스거리가 될 정도이니 말이다.

교원대 황새 복원센터에
서식하는 황새들

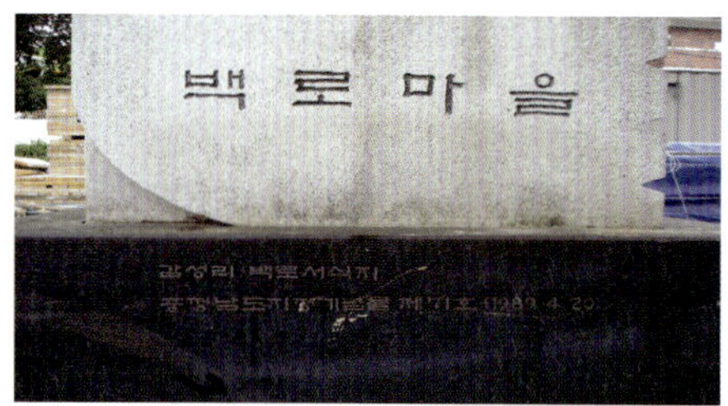


감성리 마을에 있는 백로서식지 표지석

학마을 사람들은 왜 백로를 학이라고 불렀을까 생각해 본다. 일반적으로 조류를 분류하는 전문 지식이 없어서도 그렇겠지만 농경 생활에 직접적으로 도움을 주기도 하기에 학처럼 귀한 조류로 생각하여 그리 한 것은 아닐까 한다. 농경 사회에 있어서 백로는 일종의 지표종이었다. 백로가 사는 동네는 사람도 살기 좋은 동네라고 생각했다. '백로가 깃들면 부자마을이 된다.' '백로가 찾아오는 곳은 길지다.'라는 속설이 있기 때문이다. 마을을 둘러친 야트막한 산에 숲이 우거져 있고, 마을 앞에는 너른 들과 일년 내내 마르지 않는 내가 있는 곳이라야 백로가 즐겨 둥지를 틀기 때문이다. 백로가 서식한다는 말은 인간이 농경 생활을 할 수 있는 최적의 조건을 가지고 있다는 다른 표현인 것이다. 세종시는 얼마 전까지만 해도 백로와 왜가리류를 포함하여 많은 조류들이 잘 서식할 수 있는 조건이었다. 전반적으로 높은 산이 없는 대신 구릉지들이 많고, 미호천과 금강 본류가 만나는 합강을 중심으로 습지가 조성되어 산새, 들새, 철새, 강가에서 사는 물새들이 쉽게 먹이를 구하고 살 수 있는 곳이었다.

## 개발과 보전이 상생하는 세종시를 기대한다

요즘 감성리 학마을에 가게 되면 계속 보전될 수 있을까 하는 생각이 든다. 현재 세종시는 8만의 인구에서 80만을 지향하는 도시로 개발되고 있는 상황이다. 도시의 개발과 인구의 유입은 자연 환경과 생물의 서식지를 잠식하고 그곳에 인공물을 짓는 것을 전제로 한다. 만약 자연 조건을 배려하는 개발이 이루어지지 않는다면 학마을은 서서히 사라지게 될 것이다. 개발할 곳과 보전할 곳을 분명히 구별 짓는 것이 필요하다. 개발이 꼭 야생동물과 생물의 서식지를 필요로 한다면 그에 상응하는 대체 서식지에 대한 고려가 선행되어야 할 것이다. 이런 배려가 있을 때 세종시는 명품에 상응하는 도시가 될 수 있다. 아토피라는 현대병이 있다. 이 병명의 어원은 '알 수 없는'이라는 그리스 신화에 나오는 신 이름에서 왔다고 한다. 자연과 상생하지 못하면 인간은 아직 파악하지 못한 또 다른 아토피를 접하게 될 것이다.

또한 더불어 생각할 것이 자연과 상생하기 위해서는 우리도 불편을 감수해야 한다는 것이다. 학마을 사람들도 오랜 세월 동안 그냥 좋기만 했던 것은 아닐 것이다. 백로류의 배설물 피해 문제는 옛날부터 있었을 것이다. 학마을 동네 분들도 백로들이 장독대에, 빨래에 배설물을 뿌렸다고 말을 한다. 그로 인해 짜증이 났을 것이다. 그렇지만 마을 사람들은 불편함보다 도리어 백로들이 계속 날아올 수 있도록 서식지 아래 산성화되는 토양을 조개껍질 등으로 중화시키는 활동을 했다 한다. 이는 백로가 주는 생활 불편을 배려의 활동으로 돌리며 살았음을 말해 주는 것이다. 지금은 농경사회가 아니기 때문에 적절하다고는 말할 수 없지만 이런 자세가 없는 한 우리 세종시는 화려한 회색도시에 만족해야 할 것이다.

세종시는 서울의 무계획적인 개발을 극복하고자 수립된 도시이다. 자연과의 상생을 배려하지 않았던 서울은 현재 엄청난 사회적 고비용을 지불하는 도시가 되었다. 세종시도 서울처럼 되지 않기 위해서는 지금부터라도 확고한 자연환경에 대한 배려가 있는 계획과 실천이 필요하다. 감성리 백로 서식지 보전은 그런 의미에서 세종시가 얼마나 자연과 상생하는지를 가늠하는 지표가 될 것이다.

▼ 백로 서식지로 알려진 감성리 마을

# 금강변 마을, 나성리를 가다

전월산 아래 양수장에서 금강 둔치를 걸어 대평대교를 향하다 보면 장남평야를 지나고 남면 고정리에서 발원하여 행정복합도시가 건설 중인 갈운리와 종촌을 지나는 제천이라는 작은 지류를 만나게 되는데 이곳을 건너면 독락정과 임씨 가묘가 있는 나성리가 보인다.

나성리는 나루터의 나리진과 독락정의 토성을 합쳐 나성리라고 불리는 곳이다. 나성리의 토성은 백제시대에 판축기법으로 축조되었는데, 백제 부흥운동시기 지라성이라는 명칭으로 사용된 것으로 보아 지라성이 라성(羅城)으로 변한 것으로 추측이 되고, 6.25동란 동안 대평리 전투가 있었던 기록으로 보아 군사적으로 중요한 위치를 차지하는 곳이라 짐작할 수 있는 곳이다. 어린 시절 나성리에서 살았던 김일호(70세)에 따르면 제방 곳곳을 파헤치면 전쟁의 흔적인 탄피와 사용하지 않은 총알 뭉치들이 많이 나왔고, 하천 공사 중에는 수몰된 탱크까지 발견되었다고 하니 이곳의 전투 규모를 짐작하게 하는 장면이다.

백제시대의 토성과 더불어 나성리에는 금강의 8경 중의 하나인 독락

정(獨樂亭)이 있다. 옛날 정자의 기능은 선비들이 시와 풍류를 즐기는 곳이기도 하였지만 나루터를 이용하는 배들에게 일종의 세금을 걷는 역할도 했다고 하는데 이곳에서도 나룻세를 걷어 가난한 사람들에게 나눠주는 역할도 한 것 같다.

독락정은 고려 말의 충신인 전서공 임난수(林蘭秀, 1342~1407) 장군의 둘째 아들 임목(林穆, 1371~1448)이 건립했다. 부안임씨 중시조 임난수는 고려 말 공조전서(현재 건설부장관과 비슷)의 벼슬을 지냈으며 최영 장군과 함께 탐라를 정벌하는데 공을 세웠다. 태조 이성계가 조선을

건국하면서 충신은 두 임금을 섬기지 않는다는 의지로 관직을 버리고 이곳으로 낙향했다. 세종 때 충신 표창을 받으면서 지금 나성리 강산 5정(町)을 하사받았다. 아들 임목은 양양도호부사(壤陽道護府使)로 여러 고을을 두루 거치다가 지금의 나성리로 낙향하여 부친의 가묘(家廟)와 정각(亭閣)을 짓고 살았다 한다. 현재 독락정 주변에는 임씨 가묘(林氏家廟, 향토유적 제42호)와 임난수 신도비 등의 문화재가 곳곳에 분포하고 있다.

나성리 앞 대평대교에서 바라본 금강의 모습

역사공원으로 바뀔 독락정

임씨 가묘

독락정

나성리 불상

『택리지』저자 이중환은 자신이 어린 시절 주로 놀았던 곳이 독락정(獨樂亭), 금벽정(錦壁亭), 사송정(四松亭)이라고 기술하고 있다. 금벽정(錦壁亭)은 청벽대교 부분에 있고, 사송정은 석장리 박물관에서 공주 대교를 집입하기 전 궁전 칼국수 옆에 있는 정자를 지칭하고 있다. 이중환의 조상들의 묘소가 지금 고정리에 있고, 부친이 충청도 관찰사를 지냈으니 일리가 있는 말이다. 미루어 보건데 이중환은 어린 시절 공주와 장기, 그리고 나성리에 있는 독락정을 자주 왔다 갔다 했을 것이다.

나성리 독락정에서 소로를 따라 가다보면 매운탕으로 유명한 금강 매운탕집이 있었고, 마을의 경륜을 나타내는 노거수가 있다. 노거수가 있는 곳에서 북쪽으로 가다 보면 석불을 보게 된다. 석불은 세장방의 판석형 화강암에 음각 선묘하여 조각한 불상이 세워져 있다. 나성리의 불상은 고려시대의 불상으로 알려져 있는데 이 불상에 대한 전설은 두 가지로 전해지고 있다.

첫 번째 전설로, 이 석불은 원래 임난수 장군이 서역국에서 가지고 온 것으로 임장군이 석불을 각각 하나씩 양쪽 겨드랑이에 끼고 금강을 건너다가 하나는 빠뜨려서 나머지 하나만 가지고 건너와 지금 있는 자리에 놓았고, 나머지 하나는 강 건너 금남면에 있다고 전하고 있으나 금남면에서 석불은 찾아 볼 수 없다.

두 번째는 마음씨 나쁜 사람이 나성리 불상에 기도를 하여 돈을 얻었지만 기도의 의도대로 사용하지 않고 주색에 빠져 행동을 하니 돈이 뱀으로 변해 불효자의 몸을 칭칭 감아 죽이고 말았다는 전설이다.

나성리 주민들은 지금도 부처님은 예불을 드린다고 다 소원을 들어주는 것이 아니며, 옳지 못한 자에게 반드시 벌을 내린다는 석불의 영험함을 믿고 있다고 한다.

발걸음을 돌려 행정도시 첫마을 건설현장 쪽으로 가다 보면 금강변으로 여러 개의 가교가 보이면서 금강 살리기 선도지역의 최대 현안 문제인 금남보 설치 예정 구역이 나온다. 공사를 진행하는 정부 측에서는 생태환경에 영향이 없게 개폐식 보를 만든다고 하고, 환경을 우려하는 단체에서는 내륙 최대의 철새 도래지이며 생태보고가 망가질 수 있는 원인이 될 수 있다고 지금도 공방 중이다. 환경은 한번 망가지면 회복에 오랜 시간을 요구하기에 아주 신중히 세종보 설치를 고려해야 할 것이다.

2009년 4대강 사업 당시 세종보 설치 장면

# 금강변 마을, 양화리를 가다

2009년에는 합강에서 전월산을 바라보며 슈퍼제방을 걷다 보면 월산리 쪽으로 3만 년 전부터 이곳에 사람이 살았던 흔적으로 남방식 고인돌인 지석묘를 볼 수 있었다. 공주 석장리의 구석기 유물들과 청원군 동굴의 유물들과 더불어 합강 주변에서 일찍부터 문명을 이룬 흔적을 느끼게 하는 단초이다.

월산리 슈퍼제방을 지나 골재 채취의 잔해들이 지금은 버드나무 군락을 이룬 합강 습지를 더 걷다 보면 전월산 아래 옛날부터 양화리 주민들의 약수터로 애용되었던 앵청이 옹달샘이 나오고, 2009년 당시 금강살리기 선도지역 현장 사무실로 사용되는 식당터와 장남평야에 농수를 제공한 양화리 양수장이 나온다.

이곳이 40년 전까지 임재형(78세)에 의해서 운영되었던 앵청이 나루터이다. 지금 집터는 도로 신설로 없어지고 나룻배는 소실되었다. 지금은 나루터 대신 양수장 취수를 위해 임시 가설된 돌무더기 보와 하중도만이 있을 뿐이다.

2009년 전월산 중턱에서 본 양화리와 장남평야 모습

새로 신설된 8차선 도로를 건너 양화리 마을에 들어서면 왼쪽 인근에는 장남평야가 펼쳐지고, 오른쪽 전월산 밑으로 600년 씨족사회를 이루고 살았던 임씨문중의 집성촌이 나온다. 행정복합도시 건설로 수용되어 한 집 두 집 다른 곳으로 이사를 가고는 있지만 아직도 많은 사람들은 집성촌에 살고 있다.

양화리와 진의리는 임씨문중의 집성촌이다. 이곳에 임씨문중 집성촌이 이루어지게 된 것은 고려시대 말 최영 장군과 탐라 정벌을 하였던 임난수 장군이 이성계의 조선 개국에 동의할 수 없다고 하여 낙향하던 중 주변의 경관이 본인의 본관과 형세가 비슷하여 자리를 잡고 은둔생활을 하면서 형성되었다고 한다.

앵청이 나루터, 지금은 돌무더기만 있는 모습

앵청이 나루터 사택이 있었던 장소에 하천부지 보상에 대한 주민들의 깃발이 날리고 있다

행정복합도시 건설에 따른 남면 종촌리 철거 장면

양화리는 임씨문중의 집성촌이기에 임난수 장군과 연결된 유적과 문화가 많은 곳이다. 임난수 장군이 살았던 숭모각, 임장군이 심었다는 은행나무, 임장군이 기도를 하였다는 전월산의 우물 등이 있다. 숭모각은 고려말기 충신 문희공 임난수의 유허지이다.

숭모각(崇慕閣)은 종촌면 소재지에서 동쪽으로 열린 도로를 따라 약 2.5km 가량 나가거나, 금남면 쪽에서 1번 국도를 타고 금남교를 지나 오른쪽으로 개설된 96번 도로를 타고 2.5km 가면 양화리 골말 마을에 도달한다. 전월산 남쪽 자락에 자리한 골말 마을 안쪽에 자리하고 있다.

양화리 숭모각과
은행나무를 알려주는 표지판

숭모각

임씨 가묘 유지비

임난수는 부안인으로 1342년 출생하여 삼사우윤 등 11관직을 지냈고 가선대부 공조전서에 올라 고려말 최영 장군과 탐라를 정벌하는데 큰 공을 세운 분으로 부안임씨의 중시조이다. 고려가 망한 후 이태조가 여러 번 벼슬을 주며 청했지만, 응하지 않고 두 임금을 섬기지 않는 큰 절개를 지켜 공주 금강변 삼기촌(남면 양화리)에 은거하며 여생을 보냈다. 임난수는 1407년(태종7) 6월 21일 사망했는데, 연기군 동면 불파미에 묘를 쓰고 숭모각에 가묘를 세우니 세종대왕은 1419년 고려의 유신으로 조선에 벼슬하지 않은 충절을 인정하여 임난수의 사당에 선액하고 아울러 사패급복을 내려 일구강산을 하사하고 액자에 '임씨 가묘'라 써주어 불천지위로 모시도록 명하였다.

숭모각 앞 은행나무
임난수 장군이 직접
심었다고 한다

세월의 흔적을 느끼는 은행나무

양화리에서 전월산으로 가는 안내 표지

사당에는 임난수 장군의 초상화가 걸려 있었는데 임진계사 때 왜적의 난리를 당하여 잃어버렸다. 당시 초상화의 모습은 임난수 장군이 탐라를 정벌하던 모습으로 싸움 도중 왜구에 의해 한 손이 잘렸었는데 잘린 손을 화살통에 넣어 메고 있는 모습이라 한다.

임난수가 숭모각 앞에 은행나무 두 그루를 심었는데 수령 652년으로 웅장한 괴목이 되어 도지정기념물로 지정, 관리되고 있다. 암수 두 그루의 나무인데 임난수가 벼슬을 버리고 낙향하면서 심은 나무라고 한다. 지금까지 무성하게 잘 자라는 이 나무는 나라에 큰일이 있을 때마다 울었다는 얘기가 전해지고 있어 충절의 상징으로 여겨지고 있다. 일제 때 일본인이 이곳의 나무를 베려했는데 은행나무가 울어 결국 베지 못하였

양화리에서 전월산을 오르다가 마을에 있는 우물

전월산 정상에 있는 용샘의 모습

다고 한다.

숭모각과 은행나무를 보고 다시 발길을 동으로 돌려 양화리 마을회관을 지나 400~500m를 가다보면 전월산을 가리키는 나무표지판이 작게 보인다. 오랫동안 사용되었을 법한 우물을 지나 산에 들어서면 많은 사람들의 발길이 없어서인지 잡초가 무성해 있다. 한발 한발 발걸음을 뗄 때마다 장남평야와 금강의 아름다운 비경이 드러나기 시작한다. 전월산의 중턱 정도 오르다 보면 저 멀리 대평대교와 독락정이 시야에 들어오면서 행정도시의 자연환경의 상징적인 표상이 될 장남평야가 들어온다. 장남평야는 600여 년 동안 임씨들의 집성촌을 가능하게 한 토대였고, 합강이 내륙 최대의 철새 도래지가 될 수 있도록 한 기본축이기도 하다.

이제 장남평야는 농경지의 모습에서 호수와 문화공간을 갖춘 자연공원의 기능을 할 것이다. 600여 년의 임씨 집성촌을 다 수용하여 다시 짓는 도시이기에 많은 난관이 있겠지만 원래 계획대로 잘 될지 걱정되는 부분도 있다.

금강 제방에서 바라본 양화리와 전월산의 모습

좀 더 빠른 걸음으로 며느리 바위를 지나 정상에 오르니 경관 정비를 어설프게 한 표시를 느끼게 되는데 동시에 용천이라는 우물이 보인다. 산 정상에 우물이 있다는 것도 신기하지만 표지판에 적혀 있는 전설 또한 재미있다. 용이 되려고 했다가 되지 못한 이무기 이야기와 임난수 장군이 양화리에 터를 잡고 고려왕을 위해 아침마다 절을 하였던 곳이란 말에서도 많은 생각을 하게 만들었다.

# 금강변 마을, 연기리를 가다

미호천이 금강 본류와 만나는 합강에서 2km 정도 올라가면 금강을 부르던 다섯 개 이름 중 오강(吳江-동진하류)으로 명명 지어졌던 곳이 나온다. 동네 어르신의 말씀에 따르면 "적막"이라고 불렀다고 하는데 옛날 바다에서 젓갈과 소금을 실은 배가 정박했던 곳이라고 한다. 정확한 장소는 월하천이 미호천을 만나는 좌안이라고 하는데, 지금은 풍만제지 수량 확보를 위해 설치 해놓은 취수시설과 시간의 흐름에 따라 이루어진 식생이 풍성한 하중도 그리고 갈대 숲만이 덩그랗게 있는 실정이다. 그 어느 한 곳에도 옛날에 이곳이 내륙 최대의 물품 교역의 장이였다는 것을 알 수 있는 흔적은 없는 곳이다. 어른들의 기억 속에서만 존재하는 과거의 장소가 되었다.

현재 남면 연기리 인근에는 대략 2개의 나루터가 있었다. 하나는 오강(吳江)이라고 불리는 바다와 내륙을 잇는 물류단지의 기능을 한 적막이라는 나루터와 공주 연기에서 동면, 부강, 청주에서 서울로 가는 나루터가 그것이다.

월산교에서 바라본 연기리 쪽 미호천

금강의 5개 이름 중 하나인 오강의 터

지금은 거의 흔적을 찾아 볼 수 없지만 이곳을 동진나루라고 불렀는데 당산을 중심으로 동쪽에 있는 나루라고 하여 동진나루라고 불렀다 한다.

동진은 금강에서 북쪽에 위치한 갈래로 청원군에서 흘러 조치원의 조천천과 미호천이 만나 옛 연기의 현청인 연기리 당산을 돌아 금강과 합류하는 곳이다. 이곳은 연기현의 관아 등 주요기관이 자리잡아 동진나루를 이용하는 이가 많았으며 지금도 그 유적이 남아 있다.

연기군의 연기팔경 중 동진어화(東津漁火)가 있다. 동진가는 밤에 횃불을 이용하여 고기를 잡는 곳으로 유명했는데 비바람 부는 밤에도 고기를 잡았다고 할 정도로 고기가 풍부했던 모양이다. 지금은 주변에 공장과 축사로 인하여 그 모습을 찾기 힘들지만 동진어화의 풍광은 인상이 깊었나보다.

밤에 횃불로 물고기를 잡는 모습이 아름다웠다는 동진 나루터

저 멀리 보이는 산이 연기의 진산이라는 당산이다

동진 나루터에서 서쪽을 보면 연기의 진산이라는 당산이 보인다. 백제시대가 성을 중심으로 도시가 형성되었다고 볼 때 당산에 토성을 쌓아 치소를 만들고 그곳을 중심으로 주변을 다스렸을 것이다. 이곳은 아직도 논란이 일고 있는 백제 부흥의 마지막 항쟁지인 주류성의 장소로 지목되고 있는 곳이다. 작고하신 고 김제붕 선생님은 주류성이 당산의 옛 이름인, 여인들이 입는 누렁이 치마 같은 형상을 하고 있다는 것에서 유래한 두렁이재의 한자식 변형이라고 주장하셨다.

연기향교내 비석군,
많은 비석이 있는데
특이한 것은 대원군 시절의
척화비이다

연기향교 홍살문, 외삼문

이곳이 연기(燕岐)로 불리게 된 것은 백제의 8대 성(性)중 연(燕)씨가 이곳에 뿌리를 내리고 살았고, 물길을 중심으로 충청도와 전라도, 경상도를 잇는 삼거리의 역할을 하여 연기로 불리게 되었다고 한다. 임씨문중이 살았던 남면 양화리, 진의리 일대를 시거리라고 한다.

동네에 사는 50대 주민은 과거 옛길이 거의 농경지로 변화했다고 전하면서 이곳은 과거 연기현의 현청이 있었던 곳이라고 전한다. 관아는 일제시대 본격적으로 연남초등학교가 들어서면서 그 흔적만 찾아볼 수 있고 아직 남아 있는 것은 연기향교 뿐이다.

유생들이 공부하던 연기향교 명륜당

연기향교는 연기리의 당산성 서남쪽에 남향으로 자리잡고 있으며 조선시대인 1416년(태종 16) 무렵에 창건되었을 것으로 추정된다. 향교는 원래 연기군 서쪽 끝에 있었는데 1647년(인조 25)에 지금의 자리로 옮겼다고 전해진다. 향교의 입구에는 하마비(下馬碑)가 세워져 있고 그 뒤에 외삼문이 있으며 명륜당(明倫堂), 내삼문, 대성전(大成殿)으로 구성되어 있다. 명륜당은 정면 3칸, 측면 2칸의 맞배지붕 건물로 양박공면에 방풍판을 설치하였으며 공포는 이익공이다. 대성전은 정면 5칸, 측면 3칸의 맞배지붕 건물로 역시 양박공면에 방풍판을 설치하였다. 동재, 서재, 반화루, 동협문 등의 부속건물은 지금 남아 있지 않다. 1819년(순조 19)에는 대성전을 다시 고쳐 지었고 1865년(고종 2)에는 명륜당, 1887년에는 전사청(典祀廳)을 중수했다. 일제강점기에도 몇 차례 건물을 다시 고쳐 짓고 그 뒤에도 보수와 중수를 거듭하였다. 연기향교의 직제는 동재(東齋)에 도유사(都有司) 1명, 장의(掌議) 2명과 서재(西齋)에 장의 1명, 유사(有司) 2명을 두고 교생(校生) 60명과 수호(守護) 30명이 있었으나 지금은 전교(典校) 1명, 고문(顧問) 10명, 장의 11명과 수호 1명으로 구성되어 있다. 향교 안에는 척화비와 애민선정비 등의 비석이 세워져 있으며, 중국의 4성(聖) 5현(賢)과 우리나라 18현을 배향하고 있다.

연기리는 백제시대부터 당산성과 이후 연기현청 그리고 동진나루와 아름다운 연희루(燕喜樓)가 있어 동진나루를 이용하는 문인들이 이곳의 풍광을 노래한 많은 작품들이 있다.

내리던 비가 그치고 산 아래 안개가 끼어 산이 하얀 구름 위에 떠 있는 모습이 가히 빼어난 절경이라 이를 노래한 인제(寅濟) 신개와 사가(四佳) 서거정의 시가 지금까지 전해지고 있다.

# 금강변 마을, 합강리를 가다

부강 임시 철교를 멀리하고 그 옛날 나루터 주막이 있었을 것 같은 용탱이 매운탕집을 돌아 앞을 보면 황우산 자락의 녹음과 연결된 모래섬이 보인다. 합강의 모래는 일반 하천에 있는 모래와는 달리 갈색 밀가루를 쏟아 부은 질감을 바로 느낄 수 있다. 그래서인지 세종시에서는 얼마 전까지 하천부지에 봄에는 감자를 심고, 가을에는 무를 심어 큰 수입을 얻

▼ 2007년 전월산에서 바라본 합강

었다. 이런 하천의 조건 때문에 세종시는 단무지 관련 산업을 실질적으로 조절하는 역할을 할 수 있었다. 전국에서 세종시가 단무지 생산량의 70% 이상을 차지하고 있는 것을 보아도 쉽게 알 수 있다. 세종시에 자연이 준 큰 선물 중의 하나가 아닐 수 없다. 합강의 거대한 하중도는 차라리 섬의 형태라기보다는 산과 연결된 내륙의 모습을 하고 있지만 자세히 보면 상류에서 내려온 퇴적물이 쌓여 만든 고운 모래섬이다.

분위기 있는 판자 매운탕집을 지나 고운 모래섬을 뒤로 하고 토사채취를 위해 만들어졌던 길을 가다보면 임시 철교를 만난다. 임시 철교에서서 서쪽을 보면 오밀조밀한 서해 바다에 온 듯 착각하게 하는 풍경이 펼쳐진다. 고개를 돌려야 좌우의 제방이 보이고, 섬을 연상시키는 버드

▼ 금강 본류 쪽에서 바라본 합강과 전월산

나무 군락의 하중도들이 이곳 저곳에 있고, 먹이를 찾아 이리저리 날아다니는 백로들의 모습이 순간 보는 이로 하여금 여기가 서해바다인가 하고 장소를 착각하게 만드는 곳이다. 이곳이 내륙 최대의 철새 도래지이며 생태의 보고라고 하는 합강이다.

이곳이 바로 장수 뜬봉샘에서 발원하여 굽이굽이 흐르는 금강 본류와 음성 마이산에서 발원하여 진천, 증평, 청주와 천안을 거쳐 세종에 들어 합류하여 강이 합쳐진다고 하여 합강리가 된 장소이다. 금강이 금강으로 불릴 수 있는 위용을 나타내는 실질적인 출발점이 되는 장소이기도 하다.

또한 과거 물길을 이용해 바다의 물류를 운송하는 종착지의 역할과 소금과 젓갈류의 교역을 이루는 내륙최대의 교역장의 역할을 할 수 있게

▼ 오랜 시간 고운 모래가 쌓여 섬을 이루고,
합강정이 있었을 것 같은 합강 뚝섬의 모습

만든 자연적인 조건을 이루게 한 장소이기도 하다.

과거 합강 인근에는 부강포구가 있었다고 한다. 부강포구는 금강 수운의 가항 종점이었으며 수운에 이용되었던 하항이었던 까닭에 충청 내륙지방의 관문 역할을 했었다. 또한 황해에서 생산되는 어염과 일용잡회들이 이곳으로 모여지고 그 일대에서 생산된 농산물들이 집산되었던 경제의 중심지가 부강포구였다.

부강포구가 전성기였을 당시에는 초사흘과 보름에 한 번씩 지내는 배고사떡만 얻어먹고도 인근의 사람들이 살 수 있을 정도였다고 하며, 이곳으로 배들이 싣고 온 해산물이 얼마나 많았던지 조기로 줄 부채질을 하고, 미역으로는 행주를 삼았으며 명태로는 부지깽이를 했다고 하니 그것만으로도 이 부강포구의 규모를 짐작할 수가 있다.

과거에는 배를 이용한 물길이 중요한 행로 역할을 하였기에, 금강의 명칭이 하나로 불리기보다는 금강변 주요 나루를 지칭하는 것으로 형성되었는데 이를 오강(五江)이라 하고, 아름다운 금강의 풍광이 있는 곳에 정자를 세웠는데 이를 팔정(八亭)이라고 하였다 한다. 오강은 오강(吳江－동진 하류), 초강(楚江－부강 하류), 금강(錦江), 백마강(白馬江), 청강(백마강 하류)이며, 팔정은 합강정(合江亭), 독락정(獨樂亭), 한림정(翰林亭), 탁금정(濯錦亭), 금벽정(錦壁亭), 사송정(四松亭), 청풍정(淸風亭), 수북정(水北亭)이다.

합강 주변에는 금강을 지칭하는 오강 중 두 곳인 오강(吳江－지금의 월하천이 미호천을 만나는 남면 보통리 지역)과 초강(楚江－합강리에서 조금 올라 부강 지역)이 있고, 아름다운 풍광이 있어 정자를 세워 만든

팔정 중 세 곳인 합강정(合江亭), 독락정(獨樂亭－남면 나성리), 한림정(翰林亭－금남면 영곡리)이 있는 지역이니 금강에 있어서 그 중요도를 쉽게 짐작할 수 있는 곳이기도 하다.

물길을 이용한 내륙 경제의 관문을 하던 합강이 일제의 철길로 인한 물류 운송 체계가 바뀌고, 토지 개간이라는 명목으로 제방이 쌓아지면서 본래의 모습을 잃어버리고 현재의 골격을 갖추기 시작했다. 인간 편의로 합강이 재구성된 것이다. 더욱이 1970~80년대 경제부흥이라는 건설의 붐이 일어나고 합강의 풍부한 토사가 주요 재료가 되면서 합강은 골재채취의 현장으로 변해 아직도 그 흔적들이 남아 있다.

자연이 위대한 것은 아낌없이 인간이 필요한 것을 주면서도 시간이 흐르면 그것을 아주 서서히 복원한다는 것이다. 합강이 그 대표적인 예

세종시 전신인 연기군에 특별 예산으로 100억 원을 제공했던 골재 채취 잔해들

일 것이다. 제방공사, 골재채취로 훼손되었지만 자연은 이것을 묵묵히 이겨내고 내륙 최대의 생태계 보고(寶庫)로 만들었다. 내륙에서 생태에 관심이 있는 사람이라면 꼭 한 번은 탐사를 왔던 곳이다.

동면의 합강리와 남면의 월산리 그리고 금남면의 반곡리를 아우르는 이곳은 경관적으로도 삼태극의 지형을 나타내는 최고의 명당이기도 하지만 금강과 미호천을 중심으로 하는 하천생태계와 주변의 평야지대, 구릉지 등으로 인하여 100여 종의 조류와 11종의 포유류 등이 서식하고 있어 생물종 다양성이 매우 풍부하며, 특히 미호천 합류점 일대의 금강 본류(합강리)는 법적 보호종으로 지정된 15종의 조류와 2종의 포유류가 집중 분포되어 있는 대표적인 철새도래지이자 천혜의 야생동물서식지라 할 수 있다.

▼ 합강에 찾아온 겨울 철새(최수경 박사 제공)

큰기러기의 경우 내륙에서는 최대군집(4,600개체)으로 조사되었으며, 큰고니와 흰꼬리수리 등 희귀 조류들이 매우 다양하게 서식하고 있는 곳이다. 겨울이면 1만6천여 마리의 철새들이 머무르는 내륙 최대의 철새도래지이며 검독수리, 고니 등 15종 이상의 공식적인 보호 조류들의 서식처이기도 하다.

이 일대가 금강 하구와 해변을 제외하면 가장 훌륭한 철새도래지가 될 수 있었던 것은 낮은 산림, 구릉지, 넓은 하천 그리고 장남평야와 대평뜰로 대표하는 넓은 뜰이 있었기에 가능하리라고 추측할 수 있다. 늦은 가을 농사가 끝난 장남뜰과 대평뜰에는 수백 마리의 철새들이 떼를 지어 먹이를 먹다가 후드득 하늘을 나는 모습은 아무 곳에서나 쉽게 볼 수 없는 장관이다.

낮은 갯버들과 우두커니 서 있는 망초들 그리고 달뿌리 풀 숲에서 재잘대는 잡새들의 노랫소리를 들으며 합강섬에서 발길을 돌려 비포장의 농로를 따라 마을에 들어가면 행정복합도시 건설을 위해 수용되어 빈집의 흔적들이 보인다. 듬성듬성 빈집도 보이고, 한유한 농촌 주택도 있지만 그 중에 평온하게 보이는 서원 하나가 있다.

합강리 마을로 들어가 보이는 서원이 바로 합호서원이다. 합호서원은 1984년 5월 17일 충청남도문화재자료 제41호로 지정되었다. 1716년(숙종 42) 안경신 · 안경인 · 안경정 등이 고려 때의 학자 안향(安珦, 1243~1306)의 영정을 봉안하고 매년 3월 3일과 9월 9일 향사를 지내다가 고종 때 서원철폐령에 따라 훼철되었는데, 그 후 후손들이 합호사(合湖祠)를

안향을 모시고 있는 합호서원의 모습

건립하여 춘추로 향사하다가, 1949년 전국 218개 향교의 동의를 얻어 합호서원이 다시 부설되었다고 한다. 정면 3칸 측면 2칸의 맞배지붕 기와집으로 현재 연기유림회 주최로 매년 9월 12일 안향의 제삿날에 제사를 지낸다고 전해진다.

합호서원에 봉안되어 있는 안향은 순흥(順興) 출신으로, 호는 회헌(晦軒), 시호는 문성공(文成公)이다. 1260년(고려 원종 원년) 문과에 급제하여 교서랑(校書郎)이 되고, 1270년 삼별초의 항쟁 때 강화에 억류되었다가 탈출한 뒤 감찰어사(監察御史)가 되었으며, 1286년(충렬왕 12) 왕을 따라 원(元)나라에 가서 연경(燕京)에서 처음으로 『주자전서(朱子全書)』를 보고 필사하여 고려로 가지고 들어왔다. 이후 성리학 연구에 몰두, 고려 말기의 유학 진흥에 큰 공적을 남긴 사람이라고 전한다.

# 6부 지속가능한 세종시를 위하여

- 세종시 원주민이 바라본 '금강 세종시 구간 자연성 회복 선도사업'
- 장남들판에 대한 추억과 제언
- 세종시 환경교육진흥조례 제정을 환영한다
- 자원순환 세종 만들기를 위한 제안들
- 촛불혁명과 그 과제들

# 세종시 원주민이 바라본 '금강 세종시 구간 자연성 회복 선도사업'

'세종의 소리' 보도를 통해 2021년 8월 12일 세종시 보람동 행정복지센터에서 시민 설명회를 열렸다는 사실을 알게 되었다. 보도에 의하면 금강 세종시 선도사업은 강의 생태계 건강성 회복, 물 순환 건전성 회복, 강의 역동성 회복, 사람과 강의 관계 회복이라는 4가지 목표 하에 8개의 세부 과제(생물 서식처 회복, 수변 식생 보전관리, 미호천 습지 개선, 습지(합강, 미호천) 관리체계 마련, 취수 친수 시설 개선, 세종보 물길 회복, 자연체험 활성화, 친수 이용 프로그램 개발 등)로 사업 내용이 구성되었다고 발표했다. 이 보도를 보면서 세종시 원주민의 입장에서 몇 가지 의견을 올려본다.

## 4대강 사업에 따른 세종시 개발 계획의 변화에 대한 검토는 있었는가

발표 내용을 보면서 가장 먼저 든 생각이 생태적 관점에서 4대강 사업

에 대한 전면적인 조사를 했는가이다. 세종시 정상적인 건설에 있어 가장 큰 걸림돌은 이명박 정권에 의한 수정안 발의에 따른 건설의 지연, 그리고 4대강 사업에 따른 개발 계획의 수정이었다. 그럼 가장 먼저 해야 할 일이 4대강 사업 이전의 원계획과 이후 발행한 사업에 대한 체계적인 검토가 필요한데 이것에 대한 논의가 과연 얼마나 깊었는지 의문스럽다.

4대강 사업은 세종시 산림 생태축과 하천 생태축의 핵심이라고 하던

4대강 이전의 금강 세종시 구간 모습

합강에 오토캠핑장을 세웠다. 합강 인근은 세종시 개발 계획에 있어 생태 핵심축이라고 했던 곳이다. 이곳이 보전 공간에서 이용 공간이 되었는데 이번 금강 자연성 회복 사업 내용 중에는 아무런 설명도 없다. 계획상으로는 생태 핵심 지역이라고 하고선 이미 공사가 되었으니 할 수 없다는 것인지 모르겠지만 세종시 핵심 생태 지역에 대한 사업단의 입장이 있었으면 좋겠다.

## 4대강 사업으로 잃어버린 세종시 금강변 지명들은 복원될 수 있을까

4대강 사업은 세종시 금강변의 인문 문화를 깡그리 무시하고 새로운 지명의 공원을 만들었다. 연기리 당산 앞과 연동면 문주리 사이는 오래전부터 '동진'이라 불렀는데 4대강 사업을 하면서 이곳은 '조성습지공원'이라는 것으로 변경되었다. '동진'이란 이름은 어느 곳에서도 찾아 볼 수 없다. 합강섬 꽃나루는 강산공원으로, 앵청이 나루 앞은 한글공원으로, 용댕이 매운탕 식당 옆 연기팔경 중 하나라는 용암기암은 자전거 테크길로 변경되었다. 자연성 회복에는 금강이 지니는 고유한 인문 문화도 함께 보전되어야 한다고 본다. 이름에는 그 주변의 자연환경이 스며들어있기 때문이다. 금강변 고유 지명 회복이 되지 않으면 4대강 사업의 토대 위에 자연성 회복 사업이 있기에 4대강 사업에 면죄부를 주는 꼴이 될 수 있다.

이번 자연성 회복 사업에도 연기리 당산 앞 '동진'은 미호천 습지라고 표기되어 있다. 엄청난 세종지역의 인문문화 유산을 지닌 이곳이 단지 미호천 습지라고 표현되는 것은 원주민의 입장에서는 무시당하는 느낌이고 행정편의주의이거나 전시성 사업으로 밖에 볼 수 없다.

## 기존의 사전 환경성 검토나 환경영향평가 실행 여부는 반영되었는가

이번 자연성 회복 사업에는 금강 구간에 대한 기존의 사전 환경성 검토나 환경영향평가 실행 여부가 반영되어야 할 것이다. 예를 들어 2008

년 11월에 발행된 행정중심복합도시 환경영향평가서에는 전월산과 금강이 만나는 곳과 노적산과 미호천이 만나는 곳에 생태통로가 설치되는 것으로 되어 있는데 아직도 실행되지 않고 있다. 어떤 이유인지는 모르지만 환경영향평가서에 기재되어 있는 사업이 왜 아직도 진행되지 않는지 모르겠다. 금강의 자연성 회복은 홀로 가능한 것이 아니라 산림 생태계와 전이 생태계와의 유기적 결합을 할 때 가능하기에 이번 자연성 회복 사업에 금강 관련 환경영향평가 실행 여부에 대한 전수 조사를 실행하여야 한다고 본다. 그래야 진정한 자연성 회복 사업이 될 수 있다.

## 수변 지형의 생성 역사와 행정명은 바르게 반영되었는가

이번 자연성 회복 사업에는 수변 지형의 생성 역사와 행정명이 바르게 반영되었으면 한다. 사업 내용 중 합강 습지라고 명명하는 곳은 과거 합강리가 아니라 월산리에 속했던 곳이다. 금강과 미호천이 만난다는 넓은 의미로 합강이라고 부를 수 있지만 이곳은 과거부터 월산리라고 불린 곳이다. 월산 습지라고 불러야 바른 지명이 될 것이다. 합강리 앞에 있는 섬은 합강섬, 월산리 앞에 있는 습지는 월산 습지라고 불러야 한다.

그리고 과연 이곳이 습지라는 명목으로 불릴 수 있는지도 의문이다. 이곳은 과거 토사 준설을 위한 사업 공간이었고 대청댐이 생기기 전에는 없었던 곳이다. 습지라고 보기보다는 육상화 과정으로 봐야 정확하지 않을까 한다. 이곳은 대청댐과 미호천의 보들이 없었다면 넓은 모래 백사장이 되어 있어야 하는데 큰 물길이 막혀 생긴 육상화 과정에 있다. 자연체험을 한다면 강변의 육상화 과정에 대한 경각심을 일깨우는 소재로 써야 할 것이다. 이곳의 육상화 심화는 월산리와 금강 사이의 강변도로가 한 몫을 거들었다. 과거에는 나름 넓은 백사장에 수변 공간이 있었는데 월산리 논이 사라지고 강변도로와 제방 사이의 논이 성토되면서 육상화가 가속화되었다.

그럼에도 이 상태로 자연체험 소재로 사용된다고 한다면 월산리 고인

돌만이라도 복원했으면 한다. 다른 도시는 없는 문화유산도 만드는데 있는 고인돌을 땅에 묻는 도시가 참 문화도시라고 할 수 있겠는가? 고인돌은 세종이 언제부터 사람들이 살았는지 알 수 있는 지표물이기에 꼭 필요하다고 본다.

2008년 월산 습지 모습

## 진정한 자연성 회복은 생태 다양성이 보장되는 생태 면적이 제도적으로 준비되어야 한다

이번 자연성 회복 사업에서 꼭 고려했으면 하는 것은 생물다양성 보전에 대한 제도적 장치이다. 세종시가 생기기 전에는 합강에 산새, 들새, 물새들이 다양하게 살고 있었다. 그 이유는 주변에 산도 있고, 강도 있고, 논도 있기 때문이다. 하지만 세종시가 생기면서 새들이 먹이를 제공받을 수 있는 논이 거의 사라졌기에 그 다양성이 점차로 낮아지고 있다. 세종시의 근본 취지는 행정수도이면서 서울과는 다른 생태도시이다. 진정한 생태도시가 되기 위해서는 생태네트워크가 온전히 살아 있고 다양한 생물이 살 수 있는 생태 면적이 필요하다. 금강의 자연성 회복 사업에서 다양한 생물이 살 수 있는 생태 면적이 확보되는 방안까지 마련되었으면 한다. 금강의 진정한 자연성 회복을 위해서는 생물 다양성이 가능한 생태 면적에 대한 제도적 대안을 마련해야 한다.

# 장남들판에 대한 추억과 제언

## 장남들판을 보면 편안해 진다

필자에게 장남들판은 우리 아버지의 고향이자, 어머니의 생계 유지 터전이었다. 아버지에게는 조부모를 일찍 여의고 배를 골며 작은집 부뚜막에서 새우잠을 자면서, 끼니를 해결하기 위해 이곳저곳에서 나뭇짐을 지어와 배고픔을 해결하였던 어린 시절의 한과 삶이 있는 곳이고, 어머니에게는 막내아들이 백일도 안 돼 하늘나라에 가신 아버지를 대신해 진의리, 양화리, 월산리를 오가며 행상으로 어린 자식들을 먹여 살린 장소이기도 하다. 큰형의 어릴 적 이름이 '바대'(해방이 되어 일본에서 노역을 하시다 돌아오는 배에서 태어났다고 하여 지어진 이름)라서 행상을 하실 때 임씨문중의 어른들과 아이들은 엄마를 '바대엄마'라고 불렀다. 엄마는 조치원에서 그릇과 생선 등을 가지고 와 리어카에 옮겨 싣고 돌아다니시며 물건 값을 돈 대신 장남 뜰에서 나는 쌀로 대신 받아 조치원 싸전에 되팔아 우리 다섯 형제를 먹여 살리셨다. 엄마는 장사를 마치고 광주리에 쌀을 지고 오시면서 우리에게 항상 "저 넓은 장남뜰이 다 우리의 쌀이

여" 하시면서 힘든 땀방울을 닦으셨던 일이 기억난다.

이런 이유에서인지 몰라도 필자는 장남들판만 보면 편하고, 정겨웁다. 그리고 5년 정도 금강청 소속 금강지킴이 활동을 통해 합강 인근이 내륙 최대의 철새 도래지라는 사실을 알고 난 후부터는 자연스럽게 장남들판과 둘째아버님이 사셨던 앵청이 나루 근처의 합강(두물머리)에 더욱 애정과 관심을 가지게 되었다.

## 합강과 장남들판은 생태보고이다

부강나루 위로 감입곡류의 금강과 미호천 동진뜰을 거쳐 내려오는 합강리(두물머리)의 너른 하중도와 장남뜰 · 대평뜰을 위시한 넓은 평야지역은 하늘에 흰꼬리수리(야생동물 멸종 1급)와 참매들이 유유자적 큰 원을 그리며 돌고, 하중도 근방에는 풀뿌리를 헤치는 자태가 고운 고니(백조)들이 삼삼오오 노닐고, 수백 마리의 큰기러기와 두루미들이 금강

4대강 사업 이전에 전월산에서 바라본 장남평야와 대평뜰 전경

합강에 찾아 온 고니들

과 인근 뜰을 오가며 남쪽 여행을 준비하는 에너지를 보충하며 휴식을 취하는 곳이었다. 또한 군데군데 돌무더기 위에는 수생태 건강성을 알리는 지표 생물인 수달(야생동물 멸종 1급)의 흔적이 남아 있으며 밀가루처럼 고운 모래가 차곡히 쌓인 금강 모래톱에는 빽빽한 갈대와 물억새 사이로 개개비들의 하이톤 노래 소리를 하염없이 들을 수 있는 곳이었다. 바로 이곳이 교과서적인 천연의 내륙습지 생태경관의 지형을 보여주고 있는 곳이었다. 우리 세종시에는 다른 지역이 갖고 있지 못하는 아주 풍부한 내륙습지의 자연경관 자산을 가지고 있었던 셈이었다.

이런 세종시의 훌륭한 자연경관 자산이 지금 변화되고 있다. 4대강을 진행하면서 친수 공간 확보라는 명목으로 합강 생태경관 핵심지역에 오토캠핑장이 세워졌고, 개개비의 서식처인 넓은 갈대·억새숲은 까까머리 자전거 길로 조성되었고, 넓은 대평뜰은 7~8m 높이로 성토를 하여 도심 건설하고, 2백만 평 정도의 장남뜰도 저밀도 주택, 호수공원, 국립수

4대강 사업 이전에 금강 세종구간 억새숲에 살던 개개비
(우희철 사진 제공)

목원, 박물관 단지, 천년의 숲을 이루기 위해 성토한 후 인공 녹지로 조성하려 하고 있다.

도시 건설이라는 것이 기본적으로 자연지형의 변화를 전제로 하는 것이기에 원래의 자연지형을 전부 보전할 수 있는 것은 아니지만 기본적인 본래의 자연지형의 조건들을 잘 살리는 것이 최상의 도시 계획일 것이고, 친환경 명품 도시를 이룰 수 있는 우선의 조건이 아닐까 한다. 또한 기본적인 자연지형을 지키고 보전할 수 있는 대안과 정책도 함께 수반되어야 할 것이다.

## 장남들판 보전과 활용에 대한 제언들

먼저 합강 일대의 자연경관 중 장남들판에 대한 보전과 활용에 대한 몇 가지 필자의 생각을 정리하고자 한다.

첫째로 세종시의 생태 네트워크가 잘 이루어지기 위해서는 전월산 · 원수산의 녹지축과 금강의 수변축 그리고 완충녹지를 이루는 장남뜰에 대한 주의 깊은 조사와 건설이 이루어져야 할 것이다. 현재의 구조로는 저밀도 주택지에 생태통로라는 계획은 있지만 도로로 인하여 전월산 녹지와 장남뜰 완충녹지의 생태적 연결은 형식적인 측면이 있기에 이를 좀 더 섬세하게 검토하여 볼 필요가 있다. 두꺼비의 경우 생활은 산림에서 하고 산란은 논이나 둠벙 같은 습지에서 하기에 생태적인 풍부한 조건을 이루기  위해서는 도로로 절단된 것을 연결할 수 있는 생태통로를 만드는 것까지 깊이 배려해야 할 것이다. 또한 행복도시 환경영향평가시의 합의 사항이기도 한 전월산과 금강의 수변도로에 생태통로를 건설하는

4대강 사업 이전에 장남들판에 먹이를 찾아 오던 철새들

문제도 빠른 시일 내에 시행하여야 할 것이다. 생태네트워크를 이루기 위해서는 사람의 길만이 아니라 야생동물과 곤충들도 함께 살아갈 수 있는 길을 확보하는 것이 무엇보다 중요하다.

둘째로 인간이 만든 최대의 자연이라고 하는 논 습지의 원형보전이 필요하다. 2백만 평이 넘는 뜰이 비록 90%는 성토되는 저밀도 주택과 인공녹지로 변하여 10%도 되지 않은 곳이기는 하지만 이곳이라도 원형을 보전하는 것이 참으로 중요하다. 이곳은 생태적으로 산림녹지축과 수변축의 완충 역할을 하는 곳이기도 하고, 세종시 건설에 600년 넘게 살아 온 고향 마을을 내어 준 원주민들의 마지막 남아 있는 고향의 흔적으로 고향의 원형을 그나마 볼 수 있는 살아있는 장소이기도 하고, 한국 고유종이면서 멸종위기 2급인 금개구리가 사는 최대의 서식처이기도 하다. 이곳은 학술적으로도 양서류 연구의 새로운 패러다임을 제공한 곳이기에 양서류 연구 발전에 한 획을 긋는 연구 실험실이 될 수 있기 때문이다. 또한 생태적으로 우수한 건강성을 유지할 수 있는 생물 다양성을 지

▼ 장남들판의 논과 금개구리

켜낼 수 있게 하는 먹이 공급처의 역할을 하는 곳이기에, 이곳이 지켜져야 다른 곳에서는 흔히 볼 수 없는 흰꼬리수리의 비행도 볼 수 있고, 귀하고 귀한 두루미들의 자태, 큰 기러기의 군무도 육안으로 볼 수 있는, 살아있는 박물관의 기능을 유지할 수 있다.

셋째로 장남들판 시설물 중에 방문자센터가 계획되어 있는데 이곳에 세종시 환경교육센터의 기능을 보충하였으면 한다. 생태학의 명제 중에 '전체는 부분의 합보다 크다'라는 것이 있다. 사회가 발전하면서 학문이 개별화되고 세분화되기 때문에 통합의 기능이 떨어지고 있는데 환경교육은 간학문적인 성격과 종합적인 사고를 요하기에 자연, 사회, 경제를 통합적으로 보고 통합적인 세계관 교육 받을 수 있는 환경교육센터 기능을 보충하는 것이 세종시에 있어서는 중요하다고 생각된다. 현재 세종시는 친환경 생태도시를 표방하고 있지만 인문사회적인 인프라나 제도에 필요한 재정투입과 정책을 세우는 것에 대해서는 우선 순위에서 밀리고 있는 것이 현실이다. 우리 아이들에게 자연의 신비를 보여주고 더불어 사는 삶을 심어 주기 위해서 실질적인 콘텐츠가 될 수 있는 환경교육센터의 설립과 운영이 그 가치를 높일 수 있다. 현재 환경부에서는 환경교육 인증제를 운영하고 있다. 환경교육 인증제는 개별적이고 산발적으로 이루어지고 있는 환경교육을 합리적인 기준을 정하여 우리 아이들과 시민들에게 적합한지를 객관적으로 평가하여 품질을 인증하여 주는 제도이다. 현재 세종시에는 이런 환경교육 인증을 받은 프로그램이 하나도 없다. 앞으로 우리 아이들과 시민들에게 좀 더 나은 삶의 질을 높이기 위해서는 필수적으로 준비해야 할 제도라고 생각한다.

# 세종시 환경교육진흥조례 제정을 환영한다

세종특별자치시는 지금 9만의 작은 군에서 80만을 바라보는 도시로 변화하는 초입단계에 들어와 있다. 변화는 필연적으로 새로운 많은 문제들을 안고 간다. 많은 사람이 유입되면 필연적으로 많은 건물들을 지어야 하고, 많은 건설은 또한 많은 자연의 지형 변화를 동반할 수 있다. 그리고 새로운 사회 공동체간의 갈등을 유발시킨다. 하여 필연적으로 세종시는 새로운 공동체가 지향해야 하는 가치와 원칙을 수립해야 하고, 이를 위해 실천적으로 풀어 나가야 할 것이다.

## 21세기 시대 정신은 지속가능한 발전으로 집약된다

사회가 발전하고 역사가 축적되면서 사람들의 인식지평은 넓어지고 있다. 과거에 지역이나 자국 중심으로 보았던 시야에서 이제는 저 건너편의 나라에서 일어나는 다양한 뉴스를 바로 접할 수 있고 다른 나라

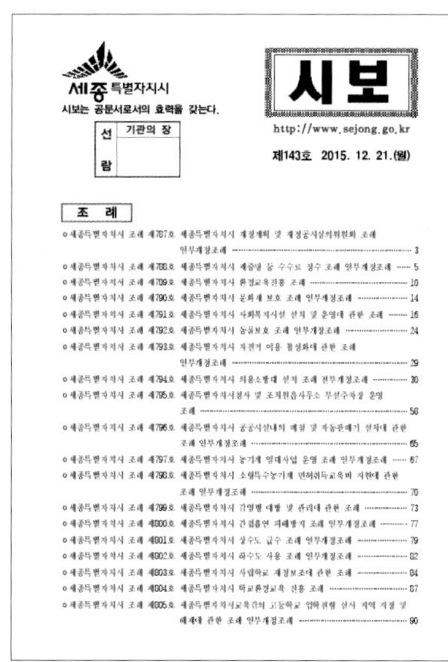
세종 특별자치시

시보는 공문서로서의 효력을 갖는다.

| 선람 | 기관의 장 |
|---|---|
| | |

# 시보

http://www.sejong.go.kr

제143호 2015. 12. 21.(월)

조 례



세종시 환경교육진흥조례와
학교 환경교육진흥 조례를 게제한
시보(2015. 12.21)

의 경제 · 사회 문제가 우리나라의 문제가 될 정도로 우리 삶의 지평은 세계화가 되어 있다. 이런 상황 하에서 지구 공동체의 정상들은 1992년 유엔에 모여 푸른별 지구에 살고 있는 많은 사람들이 공동으로 함께 살 수 있는 명제를 도출하였는데 이가 바로 '지속가능한 발전(sustainable development)'이라는 개념이다.

발전이라는 것에 대한 개념을 단순히 개발과 성장만을 말하는 것이 아니라 우리 자손들도 우리가 지금 누리고 있는 만큼 누릴 수 있는 한도 내에서의 개발과 성장이라는 제한을 도입한 것이다. 이를 위해서는 지구 자원에 대한 새로운 인식이 필요하고, 지구 공동체가 우리 자손들도 우리가 누리는 자연의 혜택을 지금처럼 누릴 수 있기 위해서는 자연, 사회, 경제가 상호 관계하는 속에서 지속될 수 있는 것을 찾아보아야 하고, 이

세종시 의회 4차 환경교육 연구 모임 회의(2015. 7. 23)

를 우선적인 가치와 실천 과제로 삼아야 한다는 것이다.

지구 공동체 정상들은 이를 위하여 실천과제로 '지구적으로 생각하고, 지역에서 행동하라(Think Globally, Act Locally)'라는 명제를 선포하였다. 푸른 별 지구 공동체의 문제를 이제는 자국이나 지역문제로만 바라보아서는 부족하므로 전 지구적인 유기적인 관계 속에서 보아야 하고 이를 위한 실천을 우리 삶의 터전인 지역에서 시작하여야 한다는 것이다. 지역이라는 삶의 현장을 애정 어린 눈으로 바라보고 우리가 할 수 있는 실천들을 찾아내 풀어 가는 것이 참으로 중요하다는 것이다.

## 새로운 자연, 경제, 사회에 대한 통합적 시각이 필요하다

옛말에 '생각이 바뀌면 행동이 바뀌고, 행동이 바뀌면 운명이 바뀐다'

세종시 환경교육 활성화를 위한 포럼 개최(2015. 9. 22)

라는 말이 있다. 새로운 공동체를 만들어 가야 하는 우리 세종시는 지구 공동체의 정상들이 말한 자연, 사회, 경제를 유기적인 관계 속에서 통합적으로 볼 수 있는 세계관이 무엇보다 중요하다고 볼 수 있다. 이 세계관은 자연을 소유의 대상으로만 보는 교육, 약육강식의 논리를 일반화한 경쟁 교육에서는 결코 이룰 수 없고 새로운 자연, 경제, 사회에 대한 통합적 교육을 요구한다. 이것이 바로 환경 교육이 아닐까 한다. 환경에 대한 교육은 우리 공동체와 삶을 속도와 효율보다는 어찌 가야 올바른지를 통합적으로 공부하고 훈련하는 교육이기 때문이다

### 세종시 환경교육 진흥을 위한 조례를 환영한다

이런 고민 속에서 세종특별자치시 의회 정준이 대표의원을 중심으로 세종시 의회 환경교육 연구모임이 결성되었고 몇 차례의 현장 방문과 세종시 환경교육 현장에 대한 점검과 많은 사람들이 모여 환경교육 포럼을 개최하여 활동한 결과로 한 세종시 환경교육 진흥을 위한 조례(제709호)와 세종시 학교 환경교육 진흥 조례(제804호)를 발의 제정하였다. 기쁘고 환영할 일이 아닐 수 없다. 이러한 일련의 활동과 결과들이 향후 세종시의 지속가능한 발전의 초석이 될 것이라는 바람을 아니 할 수 없다. 분명 이번에 제정된 2건의 환경교육 관련 조례들이 세종시의 녹색 공동체를 만들고, 이끌 수 있는 실천의 새로운 단초가 될 것이라고 기대한다.

# 자원순환 세종 만들기를 위한 제안들

2014년 세종 YMCA에서는 80만이 거주하는 도시 개발을 준비하기 위해 자원순환 세종만들기 포럼을 개최했다. 이를 위해 생태도시 만들기 담론, 자원순환 사회 만들기 의제 개발 및 거버넌스 구축을 위한 제안, 세종시 자원순환 사회를 위한 실천 프로그램 제안들 순으로 정리를 해 보았다.

## 1. 생태 도시 만들기 담론

### 1) 세종시 환경용량 파악이 향후 세종시 생태 도시 만들기를 위한 기초자료가 될 수 있다

2002년 대선 직후 신행정수도라는 새로운 장소가 현 위치로 결정되고, 많은 구상들이 나오기 시작했다. '오래된 미래'라는 도시 컨셉을 설정하고, 환상형 녹색도시를 만든다는 총론적인 계획이 나왔고, 이를 위한 각론적인 계획들도 나왔다. 정치 지형들이 바뀌면서 많은 우여곡절 끝에 행복도시 건설 계획은 진행되고 있지만 처음 구상된 모습보다는 정치적인 이해관계들이 반영되었고 도시 전체 담론적인 컨셉보다는 건설 공학적인 개발이 되면서 많은 변화를 겪게 되었다.

자연과 상생한다는 측면에서 행복도시(예정지)는 당시 최고의 정책들에 따라 이루어지기는 했지만 행복도시 건설 자체가 정치적인 결정에 의해서 이루어지고 진행하다보니 너무 기한에 기어 법정 계획(환경, 생태조사 및 환경영향평가)의 절차만 거치고 진행했다는 한계가 있고, 현재에서 보면 10년이라는 시간이 흘러 사회발전에 맞추어 보정을 할 필요가 있다.

그리고 행복도시 예정지역은 국가적 차원에서 이루어지고 나머지 세종시 지역은 자체적으로 계획을 세워야 하는 상이한 문제들이 있다. 현재 세종시 집행부는 행복도시 예정지역에 대한 개발의 문제는 하나도 말할 수 없는 상황이고 건설청에서 보면 조치원읍을 비롯한 외곽 지역은 뜨거운 감자와 같이 부담스런 지역이 되었다. 같은 행정지역이면서 건설주체의 상이가 이같은 근원적인 문제를 안고 있는 것이다.

하지만 세종시 거주민들의 입장에서 보면 예정지역이나 그 외의 지역이나 모두 세종시라는 공동체를 이루는 곳이다. 세종시 시민들은 세종시의 개발을 2개의 다른 지역으로 보는 것이 아니라 하나의 동일선상에서 보게 된다.

세종시는 지금 인구 10만 도시에서 80만을 상정하고 건설되고 있는 계획도시이다. 하지만 행복도시(예정지)이든 세종시 전체이든 도시계획을 세우면서 법정 계획을 세우는 데는 기준을 넘었지만 세종시의 자연환경이 수용할 수 있는 인구나 도시건설 부분에 대하여서는 말할 것도 없고, 지속가능한 정화능력에 대하여서는 심도 있게 연구된 것이 없는 상태이다.

도시를 건설하면서 자연의 수용능력과 정화능력을 파악하는 것이 기본적인 전제가 되어야 할 것이다. 이런 기초 위에 도시를 계획할 때 세종시는 자연과 사람이 공생하고 상생하는 도시가 될 수 있다.

2) 인구 80만에 대응하는 다양한 기준 지표 개발이 필요하다

다른 도시가 자연발생적인 인구의 증가로 도시가 형성되었다면 세종시는 행복도시 지역 50만, 세종시 전체 80만을 구체적으로 지향하고 건설되고 있는 도시이다. 이는 다른 도시와는 다르게 현 문제를 해결하기 위한 진단을 하는 도시계획이 아니라 인구 80만이라는 관점을 가지고 개발 중인 계획도시라는 것을 말한다. 그러기에 5년, 10년이라는 연차별 계획보다는 먼저 인구 80만 도시에 대한 선행 기준 지표 개발이 중요하다고 본다.

생활 자원순환 사회 만들기를 위한 관점에서도 세종시는 먼저 80만 인구가 되었을 때, 과연 어느 정도의 환경 기초시설이 필요하고 어느 곳에 설치해야 하는가? 그리고 이런 것들은 어느 시기에 설치하고 예산은 어떻게 확보할 것인가에 대한 기준 지표 개발이 필요하다. 더욱 중요한 것은 이런 것들이 단순한 행정 목표로만이 아니라 시민들과 함께 비전을 공유할 수 있는 홍보도 중요할 것이라고 본다.

### 3) 지속가능한 생태도시 만들기 비전 개발도 우선적으로 선행되어야 할 것이다

세종시는 현재 완결 구조의 도시라기보다는 이제 80만 도시를 계획하고 출발하는 도시이다. 이런 측면에서 보면 세종시의 자원순환이라는 범주는 생활 자원순환 사회라는 관점보다는 먼저 자연 자원순환 사회 만들기라는 관점을 가지고 봐야 하지 않을까 한다. 자연과 생활 자원이 모두 함께 순환되는 사회 만들기 관점이 필요할 것이라고 본다. 도시의 형성은 필연적으로 생태축의 절단, 생물종 서식지에 대한 파괴 내지 축소, 비투수 포장 확대를 가져올 수 밖에 없는데, 이런 조건 속에서 우리는 어떻게 자연자원을 순환하는 사회를 만들까를 생각해 봐야 할 것이다. 그 예로 빗물에 대한 자원순환을 중심적인 의제로 해야 하지 않을까 한다.

또한 세종시는 각론적인 사고를 넘어 총론적이고 담론적인 비전 제시가 우선적으로 중요할 것이라고 생각된다. 세종시 생태 도시에 대한 비전 개발이 중요하다. 세종시 생태도시에 대한 총체적이고 담론적인 연구들이 많이 나오고 이를 기준으로 각론 연구들이 제시될 때 총체적인 비전과 전략이 나올 수 있다고 본다.

그러므로 세종시는 법정 계획을 넘어 적극적으로 다양한 생태도시 및 분야별 연구 용역에 투자할 필요가 있고 해야 할 의무가 있다고 본다.

## 2. 자원순환 사회 만들기 의제 개발 및 거버넌스 구축을 위한 제안들

1) 시민사회 연대 동력에 대한 고민이 필요하다

자원순환하는 세종시를 만들기 위해서는 가장 기본적인 주체들이 행정, 기업, 시민 그리고 전문가일 것이다. 행정이 법정 계획들을 조건에 맞게 추진하는 것과 시민들의 생활 요구 사항들을 반영하는 정책, 거대 예산이 확보되어야 하는 정책 사업들에 집중하는 것이 일반적인 경우라면, 시민 사회는 이를 위한 의제를 만들고 이를 집행할 수 있도록 제안하는 것이라고 상정할 수 있다.

하지만 현재 세종시 시민 사회 역량의 경우 아직 인구와 전문가가 절대적으로 부족하다. 이런 상황에서 시민사회 연대 동력을 만드는 것에 힘을 쏟아야 하는 문제는 아주 중요하다. 시민사회 연대 동력은 단순히 문제 제기로만 끝나는 것이 아니라 문제를 해결하는 전 과정에 관여할 수 있는 사무적 토대를 가지고 있는 것을 말한다. 시민사회 연대 동력에 대한 실무 토대를 가지고 있지 않으면 자원순환 사회라는 우리의 희망은 일방적으로 행정에만 의존할 수 밖에 없다.

2) 모니터링 시스템 구축 및 공공성 확보가 필요하다

자원순환 세종시를 만들기 위해서 시민사회 영역이 할 수 있는 가장 효과적인 영역이 계획과 현황 그리고 지표개발과 실천과정을 모두 나타낼 수 있는 모니터링 시스템을 갖는 것이 아닐까 한다. 그리고 단순히 모니터링에서만 끝나는 것이 아니라 이를 시민들과 공유할 수 있는 장을 확보하는 것이 중요할 것이다. 시민사회의 모니터링 결과 발표가 시민들에게 공감을 주고 정책에도 반영될 수 있는 근거가 되어야 할 것이다.

## 3. 세종시 자원순환 사회를 위한 실천 프로그램 제안들

### 1) 세종시 시민 자원순환 센타 설립 및 운영

현재 세종시는 자원순환 정책 중 시민들의 요구를 받아들여 형광등 분리 배출 사업을 직접 수거하지 않고 위탁관리하고 있는 상황이다. 아직 완전하다고는 할 수 없지만 인구 대비 수거율 38%로 광역도시에서 수거율 1위라는 성과(2013년 한국조명재활용 협회 자료)를 내기도 했다. 세종시 민관협치의 모습을 전형적으로 보여주고 있는 정책 중에 하나라고 볼 수 있다. 이런 협치의 정책이 조금 더 발전하여 시민사회의 참여를 정책적이고 제도적으로 실현할 수 있는 세종시 시민 자원순환 센타의 설립 및 운영이 요구된다.

세종시 시민자원순환센터는 민관협치의 역할을 하고, 기능은 3R 운동을 진행하고, 시민들에 대한 자원순환 교육, 모니터링을 지속적으로 했으면 한다. 교육과 모니터링 영역은 행정력으로는 한계가 있는 영역이므로 이를 민관협치 기구에 이관하여 진행한다면 시민들의 삶의 질을 만족시키는 정성적 성과가 있을 것이다.

### 2) 쓰레기 없는 마을 선정과 지원에 대한 행정적 배려 요구

면단위 자연 부락을 가보면 “범죄없는 마을”이라는 푯말이 있는 곳이 아주 많다. 이와 비슷하게 쓰레기 수거가 잘 이루어지지 않는 면단위 자연부락의 경우 주민들과 지방 정부간의 협력 관계를 맺고 실천한 결과에 따라 쓰레기 없는 마을을 선정하고 이를 공론화 한다면 면단위 자연부락

주민들에게는 자긍심을 가지게 하고 지자체는 자원순환 사회를 이루는 정책으로 활용할 수 있을 것 같다.

3) 분리 배출 용기의 위치 및 수량의 적정화 사업을 실천해야 한다

세종시는 현재 형광등, 폐농약병, 폐비닐, 폐의류 등 분리 배출 용기를 관리하는 주체들이 각각 다르고 위치 및 수량의 적정화도 기준이 없는 상태이다. 이를 주체들 간에 협의회를 구성하거나 간담회를 통하여 정보나 과제를 공유하고 위치나 수량에 대한 적정화를 논의하여 실행한다면 도시 경관 차원에서도 업그레이드 되는 도시 미관을 형성할 수 있을 것이다.

- 세종시는 현재 농촌 영농 폐기물 중 폐농약병, 폐봉지는 수거함이 설치되어 있으나, 폐비닐은 수집 집하장이 정식으로 설치되어 있지 않다.
- 자원순환연대 영농 폐기물 처리 실태조사 및 수거체계 개선활동 보고서에 의하면 농촌 1가구당 폐농약병은 년 20-30개, 많으면 100-200개, 폐비닐은 1톤 정도, 많으면 5톤에서 8톤까지 사용한다고 보고됨.
- 세종시 경우 대략적인 조사에 의하면 농약병은 년 평균 10개, 비닐 사용량은 년 가구당 500kg 정도로 조사됨 (2008년 기준)
- 세종시 폐농약병 방출량 산출: 10개 x 8,000가구=80,000개에서 4000개 정도 회수되고 있어 50%정도 수거 되고 있는 실정임
- 세종시 폐비닐 방출량 산출: 500kg x 8,000가구=400톤에서 350톤

정도 수거되고 있음.

– 기타 영농 폐기물(포트, 마대류, 차광망 등)은 유상 수거가 되지 않아 문제 노출됨

4) 쓰레기 무단 투기 수거 봉사대 조직 필요

현재 세종시는 행정력이 미치지 않는 곳으로 하천 교량 밑과 산림 임도 주변에 보면 무단투기 쓰레기들이 많이 있는 것을 볼 수 있다. 이는 일부 시민의 불량스러운 욕심에서 벌어진 결과이지만 계속 방치한다면 도시 미관에 상당히 부정적인 요소가 되기에 시민들의 자발적인 참여로 해결하는 것이 좋을 것으로 보인다. 현황 조사를 해보고, 함께할 수 있는 단체, 기업, 시민을 조직하여 이를 실천한 후 성과를 공유한다면 세종 시민으로서의 자긍심도 생길 수 있고 환경 보전 의식도 높일 수 있는 계기가 될 것이다.

# 촛불혁명과 그 과제들

## 2016년 촛불들

2016년 겨울을 기억한다. 추웠지만 뜨거웠던 겨울이었다. 언론에선 서울 광화문 촛불 집회를 알렸고 대전과 세종에서는 함성이 거리를 메우고 있었다. 울분이었고, 탄식이었고, 갈망이었다. 국정원에 의해 자행된 대선 개입 의혹을 해명하라는 요구로 시작했다. 차가운 바다 한가운데서 죽어가는 아이들을 생방송으로 지켜봐야 했던 세월호가 불을 지폈다. 경찰 과잉 진압이 불러온 백남기 농민의 사망이 거대한 화약고가 되었고 최순실의 국정 농단이 뇌관이 되어 터졌다. '이게 나라냐?' 라는 어처구니없는 배신감은 사람들을 거리로 쏟아져 나오게 했다. 노동자, 농민, 회사원, 주부, 노인, 심지어 취업 준비생, 중 · 고등학생들까지 텅 빈 가슴을 쓰다듬으며 거리로 나와 촛불을 들었다.

겨우내 타오른 촛불은 진실 규명, 책임자 처벌에서 대통령 퇴진으로 변하였고 급기야는 탄핵의 카드를 꺼내 들었다. 촛불의 열기는 불확실한 정치 역학임에도 국회와 대법원을 뛰어넘고 마침내 대통령 탄핵을 이루었다. 추웠던 겨울을 뜨겁게 밝혔던 촛불은 탄핵으로 정리되는 봄까지 정식 집회만 20회에 1,700만 시민이 참여한 거대한 물결이었다. 뜨거운 분노가 이차 폭력적인 무질서로 변하지 않고 평화롭고 질서정연하게 진행되는 모습을 보고 세계의 언론도 깜짝 놀란 촛불 혁명이었다.

이제 촛불 정권이 들어선 지 5년이란 시간이 흘러간다. 대통령도 바뀌고, 국회도 촛불 세력이 다수를 차지하게 되었고, 촛불의 정신을 이어가려는 많은 활동들이 이곳저곳에서 이어지고 있다. 이런 시점에 촛불은 어떤 특징이 있었으며, 아직 도사리고 있는 내부적인 문제는 무엇이며, 어디로 가야 하는지를 살펴보는 것은 나름 의미있는 작업이라 여겨진다.

## 촛불 혁명의 특징과 과제들

2016년 겨울 촛불 혁명은 기존 항쟁들과는 좀 다른 양상을 보였다. 집회의 진행이 훈련된 조직에서 이루어지는 선도적인 구호보다는 대중들이 쉽게 참여하고 즐기는 문화제 형태의 투쟁이었다. 학생들이나 노동자 등의 한정된 집단 집회에서 유모차 끄는 새댁, 일을 마치고 오는 직장인, 취업을 앞둔 취준생, 입시를 고심하는 중고생들, 나이가 지긋한 중년 등 다양한 시민들이 참여의 주체가 되었다. 시간대도 일과가 끝난 저녁 시간에 이루어져 더 많은 시민들이 참여할 수 있는 여건이었다. 참여자들의 중심도 자각된 활동가에서 세월호의 참상, 국정 농단에 배신감을 느낀 일반 시민들이 되었다.

이렇듯 광범위한 대중들이 동시에 자발적으로 일어날 수 있는 동력은 무엇일까? 생각해 보았다. 단순히 정치적인 문제였다면 이리 많은 인원들이 지속적으로 참여했을까를 자문해 본다. 다른 이유가 있었을 것이다. 먹고 사는 문제가 결부되었다고 본다. IMF 사태 이후 한국 사회는 급속도로 세계화란 명목으로 신자유주의 경제가 자리를 차지하게 되었다. 세계 금융 자본이 가지는 목적은 투자에 대한 수익이다. 수익을 극대화하기 위해 주변의 시스템을 조정 지배한다. 세계화가 되면서 국가 간 경계가 무너지니 상품 소비국가에 금융과 주식으로 지배 구조를 만드는 것이다. 더 이상 국가 주도의 생산요소 투입 방식의 경제 시스템은 작동하지 않게 된다. 새로운 시스템으로 재편되면서 경제적 부가 일부 기득권이나 재벌 등에만 유리하게 작동된 것이다. 서민들은 중산층에서 상대적 하층민으로 전락하게 되고 자라라는 청년들은 일자리가 없어 비정규직이나 취업 준비생으로 남아 있게 된다. 이제 헬조선, 흙수저, 양극화, 비정규직이란 단어들은 일상언어가 되었다. 가진 사람들은 더 가지게 되고 없는 사람들은 더 뺏기는 사회로 변해가는 것이다.

IMF이후 권력의 중심도 바뀌었다. 정치에서 경제로 바뀐 것이다. 과거 군부 독재 시대에는 대통령이 중심이었다면 IMF가 도입한 신자유주의 시대에는 재벌이 그 중심에 들어서게 된다. 영화 '내부자'는 그 모습을 잘 보여주고 있다. 이 영화에는 재벌, 언론인, 정치인이 나온다. 서로 아주 친하여 민낯까지 공유하는 관계이지만 최종 승인자는 재벌로 묘사되고 있다. 과거 1980년대를 배경으로 하는 '모래시계'라는 드라마에서는 경제인이 안기부의 직원에 의해 좌지우지되는데 말이다.

세계 금융 자본의 대리자인 재벌은 이제 광고를 통해 언론을 통제하고, 자신들의 이익을 대변하는 논리를 만들어내고, 언론은 대중매체를 통해 정치인의 활동 방향을 좌지우지하게 된다. 정치인은 재벌의 이익을 대변할 때 언론으로부터 칭찬을 받고 재벌에 반하는 정책을 펼 때 몰매를 맞는 현상을 보인다. 재벌을 중심으로 재편되는 이 사회의 카르텔은 정보, 여론, 법률 제정, 사법기관을 모두 장악하고 자신들의 이익을 대변하게 한다. 결과적으로 이 사회는 소수의 거대 재벌과 다수의 상대적 빈곤층이 구성되는 모습을 보이게 된다. 2016년 국정농단 당시 최순실의 딸 정유라가 2014년 자신의 SNS에 올린 "돈도 실력이다, 니네 부모를 원망하라"라는 말은 신자유시대 서민들이 느끼는 절망의 불꽃에 기름을 붓는 표현이었다. 결국 2016년 겨울의 촛불혁명은 한국이 가지고 있었던 경제 양극화에 대한 저항이었으며, 극복의 노력이었다. '어둠은 빛을 이길 수 없다'. '대한민국은 민주공화국이다'란 노래가 촛불 혁명 내내 불리운 것을 보면 점점 어두어지는 현실을 극복하고자 하는 서민들의 갈망이 촛불 집회에 참여하게 된 내적 동기라 할 것이다.

## 촛불 혁명이 부른 의제와 과제들

촛불이 거리를 밝히는 내내 그리고 그 이후에 가장 많이 등장한 용어는 적폐 청산이다. 촛불혁명이 진정 완성되려면 우리 사회에 쌓여 있는 적폐들을 청산하지 않고서는 이룰 수 없다는 자각의 표현이기도 했다.

적폐 청산이라는 거대한 담론이 가동되고부터 한국 사회에는 분명한 전선이 나타나고 있다. 신자유주의를 표방하는 거대 독점 자본, 재벌의 광고에 의존하는 언론, 이들의 활동 근거를 만들어 주는 친 재벌정치인, 이들에게 유리하게 법적 · 행정적 서비스를 제공하는 야망을 숨긴 행정 관료들이 한편의 전선을 이루고 있다. 인간의 존엄성과 참 민주주의가 보장되는 건강한 대한민국에 살고 싶다는 다수의 시민 그리고 이를 동조하는 단체와 정치인들이 한편을 이룬다. 기득권을 지키려는 적폐 세력과 이를 극복하려는 촛불 세력은 아직 소리없는 전쟁 중이다. 정권은 바뀌었지만 아직 거대한 뿌리를 가지고 있는 적폐 세력은 교묘한 방법으로 자신들의 기득권을 지키려 왜곡된 정보를 유포하기도 하고 때로는 거대 자본과 맨파워로 개혁의 내용을 변질시키려 하고 있다.

결코 쉽지만은 않은 촛불 혁명의 완성을 위해서 무엇을 해야 하는가를 자문해 본다. 중요도와 경 · 중에 따른 순서가 있겠지만 첫째로 들고 싶은 것은 반공 이데올로기 유령에 대한 해체 작업이다. 반공 이데올로기는 자생적으로 해방을 맞이하지 못한 대한민국이 분단되면서 미군정을 등에 업은 정치인들, 친일 부역자, 토지 개혁으로 북에서 내려온 악질 지주들이 자신들의 재산과 기득권을 지키기 위해 앞에 내세운 구호였다. 이들은 반공을 앞세워 정치적으로 견해가 다른 정치인, 시민, 학생들을 처벌하거나 처형하는 도구로 사용하였고 국민을 자신들 통제권 안에서 벗어나지 못하게 하는 철조망으로 사용했다. 반공을 국시화하여 평화

통일이라는 구호를 내건 진보당 조봉암 후보를 처형했고, 저항하는 민주 시민 학생들을 북의 사주에 의한 것으로 조작하였으며, 자신들의 권리를 지키려 노조를 만들었던 활동가를 체제를 전복한다고 획책하여 삼청교육대에 보내기도 했다.

반공 이데올로기는 부당한 통치 도구일 뿐만 아니라 막대한 군비를 지출하게 하여 국력을 불필요한 곳에 낭비하게도 하고 한 민족끼리 총을 겨누게도 했다. 또한 사고를 반공의 틀 안에 가두어 창의성를 제한하게도 만들었다. 냉전 시대가 해체된 지금, 우리가 반공의 테두리를 벗어나지 못하면 세계를 대상으로 하는 경쟁력에서도 힘을 발휘하지 못하게 된다. 더 넓은 세상이 있는데 우리는 반쪽 사고만 하게 되는 것이다. 급격하게 격동하는 세계 안에서 경쟁력있는 우위를 차지하려면 제한된 사고는 엄청난 걸림돌이 된다.

촛불 혁명이 완성되려면 반공 이데올로기의 화신인 국가보안법은 폐지되어야 한다. 냉전이 종식되고 사회주의의 종주국이었던 러시아, 중국과 국교가 수립된 지금, 국가보안법은 실리를 방해하는 족쇄로 작용할 수 있다.

정전협정을 평화협정으로 바꾸는 정책과 실천이 필요하다. 한반도에 평화가 보장되어야 엄청난 국방비를 사회복지나 기술개발 연구비로 돌려 세계 경쟁력에서 우위를 차지할 수 있다. 평화협정이 보장되어야 반공이라는 자기 검열을 내려놓고 자유로이 새 미래를 상상하며 건설할 수 있을 것이다.

둘째로 들고 싶은 것은 건강한 사회적 경제 시스템의 재정립이다. 촛불 혁명은 헬조선을 느낀 흙수저들의 항쟁이라는 기저를 깔고 있다. IMF 사태 이후 한국은 경제 양극화가 심화되면서 새로운 신분제가 생겼다. 이 신분제는 양반 천민이라는 전통적인 신분이 아니라 돈이 많고 적음에 따라 생기는 사회 현상이다. 돈 많은 집에서 태어나면 금수저, 돈이 없으면 흙수저가 된다. 사회적 지위와 위치가 대물림 부에 의해서 결정되는 구조이다. 돈이 사람을 평가하는 기준이 되는 것이다.

돈보다 사람이 먼저인 촛불 혁명은 우리에게 새로운 경제시스템을 주문한다. 전적으로 수출에 의존하는 경제에서 생산된 상품을 내수 시장에서 소비하고 다시 생산할 수 있는 자생적 경제시스템을 말한다. 중심이 기업에서 생산자인 소비 능력으로 이동되는 것이다. 과거에는 상품을 만들면 거의 팔렸다. 하지만 경제 양극화가 되면서 소비할 수 있는 주체가 상대적 수입 축소로 위축된 것이다. 생산하고 받은 임금으로 적당히 소비할 수 있는 사람들이 있어야 경제가 유지되는 시대가 된 것이다. 시대에 맞는 소비를 할 수 있는 생활 임금이 보장되어야 경제 순환의 주체자가 될 수 있다. 촛불 정부에서는 이것을 소득주도성장이라고 표현하고 있다.

이 사회는 능력에 따라 일을 하고 필요에 따라 분배되는 사회를 지향한다. 독일이나 북유럽은 공장의 노동자 경력 30년과 전문직 의사 경력 30년을 같은 가치로 평가한다. 미국의 경우 직원을 뽑을 때 정규직과 비정규직을 가려 뽑지만 정규직은 고용이 보장되는 관계로 급여가 적고, 비정규직은 회사 사정에 따라 변동이 있으므로 급여가 높다고 한다. 한국과는 완전 다른 모습이다.

생산직과 전문직의 노동 가치를 같은 무게로 볼 때 한국의 고질적 병인 사교육 투자 병폐도 사라질 수 있다. 노동을 같은 가치로 보기 때문에 학문이 좋은 사람은 학문을 하고 만들기를 좋아하는 사람은 그 길을 선택하면 된다. 정규직과 비정규직의 임금을 전체적인 관점에서 동일하게 적용된다면 좀 더 탄력성 있는 노동 시장을 확보할 수 있을 것이다. 이런 노동 가치에 대한 전환이 없다면 한국 사회는 변화된 세계에서 기득권만 지키려다 모든 것을 잃은 나라가 될 것이다.

이런 경제시스템을 만들기 위해서는 많은 단계를 거쳐야 한다. 불로소득에 대한 철저한 사회 환수 시스템인 보유세를 강화하고, 재벌화된 대기업의 불공정 거래를 차단하는 법이 운영되어야 하고, 불법 탈법의 하도급 체계를 시정하는 법이 제정되어야 한다. 그리고  동일 노동의 동일 임금이라는 선진적인 정책이 도입되어야 할 것이다. 돈을 최고의 가치로 여기는 사회시스템에서 건강한 노동을 사회의 중심에 놓는 경제 시스템이 있어야 이 모든 것이 진행될 수 있을 것이다.

셋째로 들고 싶은 것은 수평적 사회를 위한 민주적 통제시스템 구축이다. 촛불 혁명이 있기 전 한국 사회에는 안보 책임을 맡은 군인, 치안을 담당하는 경찰, 사회 정의를 수호하는 검찰이 때때로 국민을 위한 공복이 아니라 정권 유지를 위해 도구로 사용된 사례가 많았다. 부당한 방법으로 정권을 잡았기에 국민을 섬기는 원칙보다 더 중요한 것이 정권 유지이었기 때문에 생긴 비정상적 현상이었다. 과거 일부 권력자들은 군대, 경찰, 검찰 등을 수직적 통제가 수월하게 조정했었다.

촛불 혁명의 전후 한국 사회는 투명성, 존엄성을 기본으로 하는 건강한 수평적 사회를 요구하고 있다. 따라서 일사불란한 수직적 통치를 하기 위해 만든 기관과 조직의 일부 조항은 수평적 민주 사회에서는 적합하지 않아 재편할 필요성이 있는 것이다.

요즘 뜨거운 개혁의 대상으로 떠오른 것이 검찰 개혁이다. 절대 권력의 듬직한 충견 노릇을 하다가 권력자를 몰아내니 자신이 그 자리를 차지하여 무소불위의 권력자가 되었다. 현재 한국 검찰의 경우 세계에서 유래를 찾을 수 없을 정도로 막강한 권력을 쥐고 있다. 수사권, 기소권, 공소 유지권, 형 집행권을 모두 독점하고 있는 것이다. 이를 견제할 기관도 투명성과 적합성을 검증받는 시스템도 전무한 상태이다. 과거에는 절대 권력자가 통제 조정하는 역할을 하였지만 지금은 민주적 통제 시스템이 의해 그 역할을 해야 할 것이다. 집중된 독점 권력은 분산되어야 하고, 권한의 집행도 상호 견제할 수 있는 조직을 만들어 진행해야 한다. 권한을 축소하는 방법으로 수사권과 기소권이 분리되고, 견제하는 방법으로 공수처 설립이 필요하다

넷째로 들 수 있는 것은 지속 가능한 세상을 위한 인식의 전환과 실천

이다. 현재 지구 환경은 스스로 회복할 수 있는 능력을 상실한 상태에 와 있다. 무한 경쟁적 개발로 자원은 고갈 상태이고 서식지는 훼손되어 복구 불능 상태이다. 환경 오염으로 인한 기후 환경이 더 이상 사람도 살 수 없게 만들고 있다. 살기 위해 개발을 했는데 도를 넘어 도리어 자연이 인간을 위협하는 상태에 이른 것이다.

인간 생존의 기반이 무너지는 것을 막고자 나온 개념이 '지속가능한 개발'이라는 슬로건이다. '미래 세대가 이용할 환경과 자연을 손상 시키지 않고 현재 세대의 필요를 충족시켜야 한다'로 정의되고 있다. 이 말은 1992년 114개국의 국가정상, 185개국 정부대표, 3만여 명의 환경 전문가와 민간 환경단체 대표들이 브라질 리우에서 모여 지구환경 보전의 기본 원칙으로 채택한 것이다. 개발이 발전이라는 통념이 다시 수정되어야 한다는 새로운 세계관이다.

한국 사회도 이제 개발을 통한 성장이라는 관행을 제고하고 삶의 질이란 측면에서 자연, 경제, 사회를 재검토해야 한다. 이는 패러다임의 변화를 요구한다. 편리와 충족만이 삶의 전부가 아니듯 새로운 삶의 패턴을 찾아야 할 것이다. 자연, 경제, 사회가 서로의 상생 관계를 유지할 수 있는 세상을 만들어야 하는 것이다. 이는 생존의 원칙이기에 모든 것의 우선이 되어야 한다.  지속가능한 발전은 우리 사회의 발전 방향, 개발의 속도, 삶의 내용을 관장하는 우선의 조건이 되어야 한다. .

## 더 나은 세상을 위하여

세종이 대왕으로 칭송받은 이유는 여러 가지가 있겠지만 백성을 중심에 두고 토지 개혁도 하고, 한글도 만들고, 정책도 집행하였기 때문일 것이다. 백성을 중심에 두었기에 관행도 타파할 수 있었고 신분보다는 능력을 중시하였던 것이다. 백성이 곧 나라의 주인이기 때문이다.

촛불 혁명의 궁극적인 목적은 시민이 주인이 되는 나라가 되는 것이다. 행정 관료들은 시민 중심의 서비스를, 경찰과 검찰 등 치안과 사법기관들은 시민을 보호하고 지켜주는 일에 우선을 두어야 할 것이다. 경제인도 돈을 벌기 위해 사업도 하지만 또한 더불어 살기 위한 방안도 고려해야 할 것이다.

시인은 글로 새로운 세상을 창조하는 사람들이다. 새로운 세상은 지금보다는 한 발 더 나은 세상일 것이다. 한발 더 나아가는 것이 그리 쉽지만은 않은 일이기게 시인은 더 치열하게 세상을 읽고 또 읽어 새로운 세상에 대한 예언자적 창조자가 되어야 하겠다.

세종의 자연과 역사, 문화를 담은

# 세종시 산내들 산책

2021년 12월 18일 초판 1쇄 발행

지은이 임비호
펴낸이 윤영진
홍보 한천규
펴낸곳 도서출판 심지
등록 제 2003-000014호
주소 34570 대전광역시 동구 대전천북로 12
전화 042 635 9942
팩스 042 635 9941
전자우편 simji42@hanmail.net


ISBN 978-89-6627-214-3 03910

* 이 책은 세종연구개발(주)의 세종지역 민간지원사업으로 이루어졌습니다.